KB140066

挑花織錦

_도 _화 _직 _금

중국귀주민족민간미술전집
도화직금 挑花織錦

초판인쇄 2015년 9월 4일
초판발행 2015년 9월 4일

엮은이 마징영 · 호유한
옮긴이 중국문물전문번역팀
펴낸이 채종준
진　행 박능원
기　획 지성영
편　집 백혜림 · 조은아
디자인 조은아
마케팅 황영주 · 한의영

펴낸곳 한국학술정보(주)
주소 경기도 파주시 회동길 230(문발동)
전화 031 908 3181(대표)
팩스 031 908 3189
홈페이지 http://ebook.kstudy.com
E-mail 출판사업부 publish@kstudy.com
등록 제일산−115호 2000. 6. 19

ISBN 978-89-268-4594-3 94910
　　　 978-89-268-7074-7 (전 6권)

중국귀주민족민간미술전집

挑花織錦

도
화
직
금

마정영 馬正榮 · 호유한 胡維漢 엮음

중국문물전문번역팀 옮김

한국학술정보

머리말

중국은 공예미술이 매우 발달한 나라이다. 그중에서도 중국 민간공예미술이 특히 발달한 곳은 귀주(貴州)라고 할 수 있다. 이 점에 대해서는 모두 의견일치를 보고 있다.

중국 공예미술은 반드시 계승되고 보존되어야 하지만, 역사적으로 매우 힘들게 생겨나고 유지조차도 어려웠다. 태생부터 운명이 평탄치 않았으나, 사회의 낙후로 인해 오히려 공예미술이 더욱 발전할 수 있는 계기가 마련되었다.

낙후란 경제적으로는 빈곤한 것을 말하고, 지리적으로는 오지를 나타낸다. 그리고 사회적으로는 상대에게 냉대나 핍박당하는 것을 말한다. 민간공예장인은 이 점에 대해서 결코 좋은 것은 아니라고 말하지만, 우리는 인정할 수밖에 없다. 낙후로 인해 민간공예미술이 자연적으로 생겨날 수 있는 환경이 조성되었기 때문이다.

중국에서 봉건사회는 계속해서 성장했을 뿐만 아니라 상당한 발전을 이룩하였다. 하지만 이러한 사회의 가장 불합리한 점은 좋고 훌륭한 것(예술을 포함한)은 항상 소수의 실권자가 우선으로 누린다는 것이다. 일반 대중이 이런 봉건사회의 불공정한 점을 개선하려고 한다면, 자신이 좋다고 생각되는 것을 직접 만들어서 스스로 누리는 방법밖에 없었다. 민간예술은 바로 이러한 봉건제도에 대한 반항심에서 생겨난 것이다. 일반대중은 훌륭한 예술품을 직접 만들어서 하층민들끼리 서로 전하여 민간공예미술을 확산시켰다. 황제는 황제의 것이 있듯이, 일반대중은 그들만의 것을 새롭게 창조한 것이다. 이것은 평민의 예술적 권리를 쟁취하기 위한 사회적 구현이라고 할 수 있다.

여러 세대를 지나는 동안 사람들은 훌륭한 조형(造型), 문양(紋樣), 색채구성을 최종적으로 만들어 냈다. 대대로 전해지는 것 중에서 고정된 패턴과는 다른 자수, 도화(挑花, 십자수), 도예, 목조, 칠기, 전지(剪紙)는 실제로 매우 진귀한 공예유산이라고 할 수 있다. 돌이켜 생각해 보면, 민간공예는 돌연 어느 한 시대에 이르러 중단되고 유실되었다. 바로 봉건사회가 종식되었을 때이다. 이 얼마나 애석하고 비통한 일인가! 정보의 보급과 교통의 발달은 다른 지역 사람들에게도 예술을 함께 누릴 기회와 권리를 제공하였지만, 지역주민이 즐길 만한 것은 존재하지 않았다. 이러한 상황은 환영할 일이지만, 동시에 우려할 만한 일이라고 할 수도 있다. 왜냐하면, 민간예술의 생태환경이 변해버려서, 사람들에게 홀대를 당하기 쉽기 때문이다. 일반적으로 사람들은 더 좋은 생활용품이 생기면, 예전 민간공예품은 홀대하게 된다. 하지만 나중에 그것의 소중함을 알아차리게 된다 해도 그때는 이미 사라지고 없을 것이다. 우리는 이러한 문제를 제대로 인식하여 현재 남아있는 민간공예를 잘 보존하고 계승해야 마땅하다.

귀주인민출판사가 바로 이러한 민간공예의 보존과 계승을 위해 앞장서고 있다.

귀주의 생태환경은 앞서 말한 민간공예미술의 생태환경과 흡사하여 다른 지역에 비해 상대적으로 민간공예가 잘 보존되어 있다. 수많은 선진 문명은 더욱 선진화된 문명에 의해 배척당하고 대체되어 결국에는 쇠락의 길로 접어들게 된다. 이러한 문화현상은 지도상에 나타나는 변두리 지역과 낙후된 지역으로 점차 이전해 가고 있다. 상 · 주대(商 · 周代)의 청동공예는 한때 인류문명의 찬란한 문화유산으로 자리 잡은 적이 있었다. 하지만 사회가 발전하게 되자, 당시 주류를 이루었던 이 공예미술은 점차 사라지게 되었다. 역사적으로 이와 유사한 수많은 공예미술이 있었지만, 모두 한때 잠시 유행하고는 사라지고 말았다. 하지만 이러한 현상을 달리 생각해 보면 장점으로도 볼 수 있다. 어떤 문명은 흥성했던 지역에서 외곽 지역으로 옮겨 가면서, 문명의 재생과 부흥의 기회를 얻게 되었다. 앞서 말한 상 · 주의 청동공예도 중원(中原) 지역에서 쇠퇴한 후에, 운남(雲南) 지역으로 옮겨가서 새로운 바람을 불러일으켰다. 이것으로 인해 청동공예는 운남문화의 중요한 성과 중 하나가 되기도 하였다. 현재 중국의 변두리 지역에는 수많은 고대문명의 유산이 잘 보존되고 있다. 주류 공예 문화가 민간공예 문화로 변하는 것은 결코 나쁜 것이 아니다. 단지 지리적 위치를 바꾸고 변화시켜 계속해서 계승하고 보존하기 위함이다. 민간공예를 연구하는 학자들은 이 모든 것들을 소홀히 해서는 안 될 것이다.

귀주에는 상당히 많은 중국 고대문명이 보존되어 있다. 원시 건축공예, 한대(漢代)의 도기제조공예, 당대(唐代)의 납힐(蠟纈)공예, 송대(宋代)의 조각공예, 청대(淸代)의 복식(服飾)공예 등이 있다. 또한 희곡(戲曲, 중국 전통극)의 활화석(活化石)이라고 불리는 가면공예도 귀주에 여전히 남아있다. 하지만 왜 이런 공예미술의 발원지는 현재 모두 종적을 찾아보기가 어려운 것인가? 이런 점에서 볼 때, 귀주에 중국 공예미술의 천연 생태환경이 잘 보존되어 있다는 것은 자랑할 만한 일이며 이제는 우리가 선택해야 할 때이다. 이런 전통이나 민간공예가 정말 우리에게 필요한 것인가? 만약 필요하다면 우리는 마땅히 이것을 보존해야 하고, 필요가 없다면 사라지든 말든 그냥 내버려 두면 된다. 이 질문에 대해 식견과 책임감이 있는 사람이라면 당연히 보존해야 한다고 답할 것이다.

보존의 첫 단계는 바로 민간공예의 미(美)를 널리 알려 모두의 관심을 불러일으키는 것이다. 귀주인민출판사는 먼저 이 일에 착수하였다. 이것은 대형 예술 프로젝트이므로 진행하는 사람의 책임감, 안목, 경험이 있어야만 실현 가능한 일이다. 설령 재정적으로 지원이 된다 해도 식견과 열정 없이는 불가능한 일이 될 것이다.

귀주는 산지가 많고 민족구성이 비교적 복잡한 지역이다. 그러한 이유로 이곳에서 중국 민간공예의 보존과 연구가 활발하게 진행되고 있다. 또한, 귀주는 항상 선봉의 역할을 하는 도시이기 때문에 앞장서서 민간공예를 보존하고 계승해 왔다. 귀주가 민간공예의 보존을 추진하지 않으면 역사적으로는 양심의 가책을 받을 것이고, 민족적으로는 부담감을 느끼게 될 것이다. 하지만 앞으로도 지속적으로 민간공예의 보존을 추진한다면 중국문화 영령(英靈)으로부터 무한한 격찬을 받을 것이다. 우리는 먼저 이런 마음을 표현하여야 한다.

2천여 점에 이르는 작품 사진을 직접 보게 되면, 우리는 막중한 책임감과 위안을 동시에 느끼게 될 것이다. 결국에는 누군가가 선봉에 서서 사명감으로 이 일을 시작해야 한다. 그렇게 되면, 다른 지역 사람들도 정교하고 아름다운 공예품을 감상할 수 있을 것이다. 민간공예품은 대부분 잘 알려지지 않은 노동자나 정규교육을 받지 못한 민간장인의 손에서 만들어졌다. 하지만 그 어떤 미의 법칙과 척도로도 흠잡을 수 없을 정도로 우리에게 감동을 주는 작품들이 많다. 이번 『중국귀주민족민간미술전집』 출간을 축하하며, 아울러 이 책의 출판에 참여해 준 국내외 학자와 성원을 보내준 분들께 감사의 마음을 전하고 싶다.

그동안 귀주에서는 이번에 출판한 전집뿐만 아니라, 소소하게 민간공예와 관련된 서적을 적잖게 출판했다. 하지만 우리는 여기서 만족할 수 없다. 중국에 있는 모든 성(省)과 자치구에서 단체를 조직하여 대대적으로 자료를 수집하고 정리한 후, 민간공예 관련 서적을 전집으로 출판할 수 있는 날이 오기를 고대한다. 그런 날이 오게 되면, 중국은 사라져 가는 민간공예미술품을 다시 접할 수 있을 것이다. 서적의 힘을 빌려 곳곳에 민간공예를 전파하게 되면, 이것을 즐기고 아끼는 사람들이 갑절로 늘어나게 될 것이다. 이것은 민간공예에 대한 정책적 지지와 사회참여, 보호활동을 위한 최소한의 첫걸음이라 할 수 있다.

우리는 귀주가 민간공예미술을 전파하면서 아울러 귀주 전체 문화도 함께 전파하여, 이것이 이 지역의 핵심 이미지가 되기를 바란다. 이를 위해 보호라는 원칙과 전제하에 귀주에 있는 소수의 민간공예미술을 관광산업에 포함해서, 제한적으로 방출하고 구현하여 사회와 시대에 공헌하게 할 것을 제안한다. 이것은 노안 민간공예미술의 생존과 발전에 이바지할 수도 있다. 이번 전집을 출판하면서 성대한 출판기념회와 연구토론회뿐만 아니라 순회전도 개최할 것이다. 베이징, 상하이, 홍콩, 뉴욕 등지에서 전시회를 개최하여 전 세계 사람들 모두가 이 책의 매력에 흠뻑 빠져들게 될 것이다.

귀주 문화부는 유네스코에 귀주의 민간예술품이 인류문화유산으로 등재될 수 있도록 준비작업에 착수해야 한다. 이것과 더불어 귀주의 유명한 자연경관도 인류자연유산에 등재되도록 함께 준비를 진행해야 한다. 이와 관련된 예술학교와 연구기관은 귀주와 함께 민간공예미술이 발달한 지역에 연구소를 설립한 후, 프로젝트에 따라 책임자를 선별해서 인구를 활성화시켜야 한다.

앞으로 우리는 귀주 민간공예미술 발전을 위해 많은 관심을 가져야 할 것을 표명하며, 이것으로 서문을 마친다.

장정(張汀) · 추문(鄒文)

귀주(貴州) 민간전통 도화(挑花)와 직금(織錦)

귀주의 도화와 직금은 묘족(苗族)·포의족(布依族)·동족(侗族)· 수족(水族)·토가족(土家族)·회족(回族) 등 소수민족 사이에서 민족 특색을 갖춘 민간전통공예로 발전하였다. 귀주는 폐쇄된 환경으로 인해 외부 접촉이 적고 민간공예를 계승하는 전통이 있어 도화 및 직금이 전통 그대로의 모습을 유지하고 있다. 제작방법, 문양 및 도안, 사용기능 등은 민족의 역사, 문화, 종교 내용을 담고 있어 심미적 가치, 다양한 학과의 연구적 가치 및 경제적 가치가 있다. 예로부터 귀주 소수민족은 도화와 직금을 다른 전통공예와 결합시켜 제작자의 정신 및 민족성을 담는 동시에 복식과 생활환경을 장식하는 등 일상생활에 사용하였다. 이후 경제 발전과 더불어 도화와 직금도 점차 유명해져 중국뿐만 아니라 해외에서도 관심이 집중되고 있다.

지금까지의 연구에 따라 귀주 소수민족의 도화와 직금을 개괄하면 다음과 같다.

도화(挑花)

도화는 기법상의 특수성으로 자수에서 분리된 공예이다.

중국 자수는 4천여 년의 역사를 이어 왔다. 『상서(尚書)』 「익직(益稷)」에는 "…… 보와 불을 수놓고 다섯 가지 색을 오색 비단에 염하여 옷을 만든다……(……黼黻絺繡, 以五采彰施『于伍色, 作服……)", 『주례(周禮)』 「고공기(考工記)」에는 "그림 그리는 일은 다섯 가지 색을 섞는데…… 다섯 색깔이 갖추어진 것을 '수'라고 한다(之事, 雜伍色…… 五彩備謂之繡)"라고 적혀 있고, 『시경(詩經)』에 '당풍(唐風)'· '진풍(秦風)'·'빈풍(豳風)'은 각기 흰 저고리에 붉게 수놓은 무늬(素衣朱繡), 불무늬 저고리에 수놓은 바지(黻衣繡裳), 곤룡포에 수놓은 바지(袞衣繡裳)라는 기록이 있다. 은허(殷墟) 부호(婦好)묘지에서 출토된 동으로 만든 잔(觶, 옛날, 주기(酒器)의 하나)에서도 능형 수화문(繡花紋)의 흔적이 희미하게 보인다. 무늬의 조직구조는 사슬(鎖繡)수인데 변발모양을 이루어 '변자고침(辮子股針)'이라고도 부른다. 섬서성(陝西省) 보계시(寶雞市) 여가장(茹家莊) 서주(西周)시대 묘지 속에서 출토된 의복과 기타 일용품에서도 염색된 비단에 노란색 실로 수놓은 변자고 무늬가 보이는데 출토 시 진흙이 묻어 있었지만 색상은 여전히 화려하고 뚜렷하다.

『중국대백과전서(中國大百科全書)』「경공권(輕工卷)」 '도화(挑花)'에는 "도화침법은 기울어진 십자(十字)모양으로 또한 십자수라고 한다.…… 도화는 바탕천의 무늬에 따라 수놓는 작업으로 십자수를 위주로 사용한다. 바늘을 대각선으로 넣고 빼는데 바늘을 두 번 넣고 빼면 십(十)자가 되며 이를 기본단위로 각종 문양을 구성한다"라고 설명되어 있다. 도화는 기타 일반적인 자수처럼 밑그림을 사용하지 않고 바탕천의 날실과 씨실, 제작자의 기억과 상상력으로 수를 놓는다. 착사수(戳紗繡), 납사수(納紗繡) 등의 기법을 현재는 도화로 통칭한다.

춘추(春秋)시대 이전, 귀주는 형주(荊州) 서남쪽에 위치한 '형초(荊楚)', '남만(南蠻)'의 일부였다. 춘추시대 이곳에는 장가국(牂牁國), 야랑국(夜郞國) 등을 비롯한 부족들이 집중되어 있었다. 한(漢)나라 초기, 현재의 귀주(貴州) 대부분 지역은 여전히 고대 야랑국의 영토였다. 원정(元鼎) 6년(기원전 111년), 한무제(漢武帝)는 차란(且蘭), 야랑(夜郞)을 멸하고 장가군(牂牁郡)을 설치하였는데 그 땅이 귀주와 운남(雲南)의 동쪽 및 광서(廣西) 서북쪽까지 미쳤다. 그 뒤로, 귀주 지역은 줄곧 인접된 각 군(郡)과 도(道), 로(路)에 속했고 명(明)나라 영락(永樂) 11년(1413년)에 성(省)으로 격상되었다. 도화는 바로 각 시기에 귀주로 이주한 소수민족들의 문화가 융합하면서 출현하고 발전해 온 것으로 짐작된다. 묘족(苗族)과 포의족(布依族) 사이에 대대로 선해지는 고가(古歌) 속에도 자수에 관한 내용이 담겨 있다. 중국 고서에 보면 관련 기록이 존재하는데 귀주 지역 소수민족의 옷차림에 관하여 남조(南朝) 송문제(宋文帝) 원가(元嘉) 9년부터 22년(432~445년)까지 제작된 『후한서(後漢書)』「남만서남이열전(南蠻西南夷列傳)」에는 무릉만(武陵蠻)은 "나무껍질로 베를 짜고 풀열매로 물을 들여 오색 옷을 만들었는데…… 의복의 색상이 찬란하였다……(織績木皮, 染以草實, 好五色衣服…… 衣裳斑斕……)"라고 기록하였다. 또한 북송(北宋) 태평흥국(太平興國) 3년(978년)에 제작된 『태평광기(太平廣記)』211권 「화이(畫二)」 '염입덕(閻立德)'에도 "당(唐) 정관(貞觀) 3년, 동만(東蠻) 사람인 사원심(謝元深)이 천자를 알현할 때…… 훼복(卉服) 위에 조장(鳥章, 새나 새매의 무늬)을……"이라고 서술하였다. 이로부터 당시 귀주 소수민족이 복식에 화조문양을 새기고 도화공예가 복잡하고 화려했음을 알 수 있다. 명나라 가정(嘉靖)연간에 제작된 『귀주통지(貴州通志)』「평벌사

평도(平挑, 일자문)

십자문

두화침(逗花針)

(平伐司)」, 명나라 만력(萬曆)연간 곽자장(郭子章)이 쓴『검기(黔記)』59권에는 귀양(貴陽) 묘족인이 채색 실로 '토금(土錦)', '직화포조(織花布條)', '수화의군(繡花衣裙)' 수놓기를 즐긴다고 언급하였다. 비록 간략한 서술이지만 도화도 포함되었을 것으로 추측된다. 그러나 비단과 면은 보관이 어려워 고대 도화작품이 거의 발견되지 않고 있다.

시대의 발전과 더불어 귀주 소수민족 도화도 변화되었지만 구전과 몸으로 익히는 방법으로 고대 도화공예의 명맥이 이어져 왔다. 구체적 특징은 다음과 같다.

1. 정교한 제작기법

과거의 귀주(貴州) 소수민족 도화(挑花)는 토포(土布, 베틀로 짠 무명)를 바탕천으로 하였지만 지금은 점차 기계로 짠 천으로 대체되고 있다. 수공으로 짠 바탕천이나 표백, 염색을 거친 천은 모두 날실과 씨실이 분명해야 한다. 2개 이상의 비단을 함께 사용해야 하고, 실도 염색 혹은 미염색 면실과 채색 실을 단독 혹은 혼합하여 사용하기 때문이다. 도화는 먼저 하얀 면실로 주제문양의 윤곽을 수놓은 후 다양한 색실을 추가하여 점으로부터 선으로, 선으로부터 면으로 확장시킨다.

결정적인 것은 침법으로 이는 제작자의 기법과 숙련 정도를 평가하는 중요한 척도이다. 귀주 소수민족 도화는 고대 십자수·착사수(戳紗繡)·납사수(納紗繡) 등 침법을 계승하고 발전시킨 것이다. 그중에서도 가장 보편적인 것은 십자침법인데 짧은 땀 2개를 교직(交織)하여 '十'자 모양을 이루는 기법을 말한다. 다음으로 '일(一)'자침법을 많이 사용하는데 바탕천의 날실과 씨실 혹은 대각선에 따라 바느질하는 것으로 평도(平挑)라고도 한다. 이 밖에 보기 드문 두화(逗花)침법도 있는데 작은 격자 중간에서 길게 수놓고 양쪽으로 가면서 점차 짧아지는 침법이다. 상술한 기본 침법 외에 기타 종류도 존재한다.

도화는 대부분 정면에만 무늬를 수놓고 뒷면에는 바늘땀만 보이는데 귀양시(貴陽市) 화계구(花溪區) 일대에만 문양 뒷면에서 수를 놓는 절묘한 '배도(背挑)' 기법이 존재한다. 부녀자들이 농사를 짓다 짬이 날 때 수를 놓기 때문에 정면이 오염되는 것을 막기 위해 종이로 정면을 덮고 뒷면에서 바느질을 해 정면에 무늬가 생기게 한 것이다. 화계구 묘족(苗族)은 도화할 때 늘 날실과 씨실이 분명한 토포를 바탕천으로 하는데 기본 침법에는 다음과 같은 세 가지가 포함된다. 우선 일자문(一字

紋), 즉 '평도(平挑)'이고, 둘째는 '십자문(十字紋)', 즉 짧은 땀을 교차하여 '×' 모양이 되도록 하는 것이며, 셋째는 '두화침'으로 문양은 '〰' 모양이다. 완성된 도안은 전부 고르게 대칭된다.

동인(銅仁)지구 송도(松桃) 일대에 거주하는 묘족은 회복(回復)침법을 사용한다. 먼저 바탕천의 한 면에 무늬의 기본 형태를 수놓은 후 뒷면에서 땀에 따라 반복적으로 바느질하면 나머지 공간을 덮어 앞뒤 양면이 똑같은 무늬를 이루게 된다. 따라서 '양면화(兩面花)'라고 부른다.

검동남주(黔東南州)의 여평현(黎平縣) 사십팔채(四十八寨) 일대의 묘족은 기타 지역에서 볼 수 없는 '도침(跳針)' 기법을 창조하였다. 먼저 바탕천 위에 문양의 윤곽을 수놓은 후 평도침법으로 2~4개의 날실이나 씨실마다 '단관침(短串針)' 혹은 '장관침(長串針)'을 한 땀씩 수놓는다. 장관침은 문양의 크기에 따라 바늘을 찌른다. 그 과정을 보면 천의 뒷면에서 씨실 하나를 뛰어넘은 후 정면에서 평도로 날실 몇 개를 넘는 과정을 반복하면 정면에는 씨실과 평행하는 색실이 나타나고 뒷면에는 땀과 실밥만 보인다. 이렇게 하면 절반 정도의 실을 절약할 수 있다. 완성품은 직금(織錦)과 비슷해 구도가 꽉 차고 색상 대비가 강렬하며 두텁고 무겁다.

침법이 다양하고 호칭이 상이하지만 전부 정교한 수공기법이다.

소수민족 도화의 제작자는 모두 여성으로, 어려서부터 각종 침법을 습득하고 솜씨가 뛰어나 바늘 하나로 화가가 그림을 그리듯 다양한 문양을 만들어 낸다.

2. 정연한 도안조형 및 풍부한 내용이 담긴 문양

도화는 바탕천의 날실과 씨실에 따라 고르게 바느질하여 점과 직선으로 구성된 기하모양을 만드는 것이다. 도안은 완전한 구상이 아니라 추상과 구상을 절반씩 사용하는 것이 좋다. 도안은 꽃·새·곤충·물고기·인물·동물 등으로 식물도안이 동물도안보다 많고, 길상문(吉祥紋)·의상문(意象紋)·토템숭배·조상숭배·태양숭배 등도 존재한다. 고대의 도화는 대부분 추상적인 기하문양이었고 근대에 들어 구상 또는 반구상의 기하문양이 출현하였다. 이러한 문양들은 크게 다음의 세 종류로 구분할 수 있다.

귀양시(貴陽市) 수문현(修文縣) 묘족(苗族)

안순시(安順市) 묘족

육반수시(六盤水市) 수성현(水城縣) 묘족

(1) 추상적인 기하문양

공예품의 기하문양은 신석기시대부터 나타나기 시작했다. 원시인들은 만물에 영혼이 있다고 믿어 자연 물상(物象), 특히 동물형상을 부호화했다. 사회의 발전과 더불어 신령을 상징하는 부호는 점차 상징성을 잃은 반면 기하문양의 심미가치가 점점 높아지면서 공예품의 장식으로 변화하였다. 도화(桃花)는 이러한 기하문양의 표현공간을 넓혀 주었다. 귀주(貴州) 소수민족의 도화작품을 살펴보면, 다양한 기하문양에는 제작자가 복잡한 외부세계 속에서 추출해 낸 질서가 담겨 있다. 큰 기하문양을 골조로 그 안에 적합한 문양들을 수놓았으며 작은 기하문양은 가장자리에 주로 사용되었다. 수많은 고대 기하문양이 원형 그대로 이어져 온 것도 주목해야 할 점이다. 예를 들어 와문(渦紋)·회형문(回形紋)·거치문(鋸齒紋)·유정문(乳丁紋)·수장문(垂螂紋)·망문(網紋)·팔각문(八角紋)·연환문(連環紋) 등이 그러하다. 이들은 대부분 그 의미를 밝혀내기 어려워 형식미로 설명할 수밖에 없다.

(2) 구상(具象) 및 반구상(半具象) 문양

구상 및 반구상 문양은 실제의 모방일 뿐 진정한 사실(寫實)은 아니다. 다시 말하면, 오직 자연 및 인공적인 구상물의 윤곽 혹은 특징을 표현하고 더 나아가 조수, 벌레, 물고기, 꽃과 열매 등의 자연적 구상을 수놓았을 뿐이다. 이는 고대인의 심미 취향을 보여준다. 특히 귀주 소수민족 부녀자들은 첩첩산중에서 대자연을 기반으로 생존하고 안락함을 구하였다. 또한 자연에서 영감을 얻었는데 이 같은 문양을 '화(花)'라고 통칭하였다. 그중 일부분은 식별이 가능한 것으로, 예를 들어 자리(刺梨), 고사리, 메밀, 닭의 볏, 밀 등이 있고 그 외 어골(魚骨), 돼지발(猪蹄), 연자방아, 수차(水車), 실패 등의 문양도 있다. 상술한 문양은 도화의 특징과 과감한 상상을 통해 간략화되고 생략·변형되었다. 예를 들어 새는 머리만, 소와 말은 눈만, 물고기와 나비는 윤곽만 표현하는 독특함을 지니게 되었다.

(3) 의상문(意象紋)

의상문은 구상, 반구상, 추상 문양으로 구분되고 일정한 문화적 의미를 내포한다. 예를 들어 조상숭배·주술신앙·역사회고·기복 등 다양한 문화적 의미가 포함되어 있다. 이는 중국 역사 및 문화의 누적이자 민족적 집단무의식의 표현이다. 이처럼 유구한 역사를 지닌 귀주 소수민족의 문화신앙은

검동남주(黔東南州) 황평현(黃平縣) 혁가(偅家)

문자 기록이 아닌 도화와 같은 각종 민간예술 속에서 이어져왔다. 한 민족의 도화(桃花)·자수(刺繡)·납염(蠟染) 중 동일한 문양의 의미는 기본적으로 같다. 예를 들면, 묘족(苗族) 도화 중 단풍문양은 토템숭배를 의미하고 나비문양 및 새문양은 조상숭배를 의미하며 동족(侗族)과 혁가(革家) 도화 중, 빛을 내뿜는 원형문(圓形紋)은 태양숭배를 의미하고, 포의족(布依族) 도화 중, 소용돌이처럼 생긴 뱀문양은 토템숭배를 의미한다. 이 밖에 묘족 도화 중 일부 문양은 역사와 고향에 대한 그리움을 담고 있다. 예를 들이 3색의 가로줄로 이루어진 '천사문(遷徙紋)'은 이주경로인 황하(黃河), 장강(長江) 및 평원을 대표하고, '성곽문(城郭紋)'은 연속된 삼각형으로 연산(連山)을 표현하고 정사각형과 삼각형의 조합으로 고향의 성벽을 표현하였다. 물고기문양과 석류문양은 자손의 번창을 의미하고 '만(万)'자문과 고전문(古錢紋)은 재운(財運)을 의미한다. 학자들이 '신이문(神異紋)'이라고 이름 붙인 용문양은 묘족과 동족 도화에서 흔히 볼 수 있는데 조형은 고대 청동기의 용문양과 흡사하다. 휘감긴 몸체를 두드러지게 표현하고 용의 종류도 다양한 점이 특징이다. 묘족 도화에서는 용문양을 대부분 정면 중심에 수놓고 동족 도화는 가장자리에 수놓는데 이는 모두 날씨에 대한 바람을 의미한다.

귀양시 식봉현(息烽縣) 묘족

3. 치밀한 구도와 화려한 색채

귀주 소수민족 도화의 아름다움은 정교한 문양과 조형뿐만 아니라 치밀한 구도에서도 드러나는데 모두 평원구도를 이룬다. 여러 문양을 결합해 순서대로 평면에 펼치되 이방연속 및 사방연속 기법을 이용함으로써 정연하고 통일된 변화의 조화를 표현한다. 각 소수민족이 귀주성 여러 지방에 흩어져 살면서 도화구도도 점차 다양한 특징을 갖게 되었다.

귀주성(貴州省) 귀양시(貴陽市)의 화계구(花溪區), 오당구(烏當區) 및 검동남주(黔東南州) 황평현(黃平縣), 검서북(黔西北) 직금현(織金縣) 일대의 묘족 도화는 그 문양포치(布置)가 매우 빽빽하다. 층층으로 겹쳐진 가장자리의 기하모양 안에 각종 문양을 수놓아 빽빽하면서도 정교한 배치를 이룬다. 검서북 육지특구(六枝特區) 일대의 묘족 도화는 대부분 한 폭의 그림을 단위로 하고 문양도 그리 많지 않지만 조합이 정연하고 화려하다. 이외에 화계와 오당 묘족의 도화는 신형과 구형의 차이가 있다. 신형은 빽빽하고 구도가 치밀하며 붉은색·귤색·노란색·녹색·남

귀양시 식봉현 묘족

육반수시(六盤水市) 육지특구(六枝特區) 묘족

필절지구(畢節地區) 위녕(威寧)자치현 묘족

색·분홍색 등을 사용하고 대부분 기하문양으로 구성되었다. 구형은 구조가 성글고 모양이 단순하며 백색을 위주로 하되 갈색과 녹색으로 꾸며 주는 경우도 있다.

검북(黔北) 동재현(桐梓縣) 일대의 묘족(苗族) 도화는 문양이 성글고 가장자리 장식면적이 작을 뿐만 아니라 여백이 많아 중심 주제문양이 돋보이는 효과가 있다.

검서남주(黔西南州) 정풍현(貞豊縣) 일대의 포의족(布依族) 도화는 대부분 네 변에 문양을 고르게 수놓는데 구상(具象) 및 반구상(半具象) 문양을 위주로 한다.

검동남주(黔東南州) 여평현(黎平縣) 일대의 동족(侗族) 도화는 호방한 기하문양을 위주로 해 배치가 시원시원하다.

검서북(黔西北) 회족(回族) 도화는 비교적 큰 능형(菱形) 등 기하모양 안에 알맞은 문양을 배치한다. 그중에는 사실성이 강한 자연 구상 문양인 노루, 인공 구상 문양인 정자(亭子), 삶의 모습을 담아낸 가마를 멘 사람 및 말을 탄 사람 등이 있다.

색상은 형식미의 기본요소이다. 귀주(貴州) 소수민족 도화(挑花)의 아름다움은 정교한 문양 및 조형과 전체 구도뿐만 아니라 색감의 선택에서도 드러난다. 귀주 여성들은 도화를 '소화(素花)'와 '채화(彩花)'로 구분한다. 소화는 흑색과 백색 두 가지 실로 선명한 대비효과를 이루어 소박하고 시원한 느낌을 주는데 대부분 연대가 오래되었다. 이와 달리 채화는 각종 채색 실과 적합한 배치로 만화경(萬華鏡) 속의 도안처럼 화려하며 근대 이후 작품에서 흔히 보인다. 채화에 대해 묘족 부녀자들은 금계(金鷄)의 모양에 따라 무늬를 만들었다고 했고 포의족 부녀자들은 무지개 모양을 취했다고 대답하였다.

소수민족 중 일부는 자연의 색상에 얽매이지 않고 오직 장식미를 추구한다. 도화는 지역에 따라 색상 선택이 서로 다르다. 예를 들어, 검남주(黔南州)의 귀정현(貴定縣), 용리현(龍里縣) 일대의 묘족 도화는 보통 바탕천 위에 진홍색·주홍색 등 따뜻한 색을 배치하고 동시에 하얀색·레몬색·석록색(石綠色)으로 꾸며 역동적인 색감을 형성한다. 검서북 육지(六枝) 일대의 묘족 도화는 붉은색·검은색·노란색·하얀색을 주로 사용해 선명한 대비 효과를 이루어 꾸밈없이 소박한 옛 풍격을 표현한다. 검동남주 태강현(台江縣) 일대의 묘족 도화는 검은색 바탕천 위에 남색 실로 주제문양을 수놓고 붉은색·노란색·하얀색으로 장식해 우아한 느낌을 준다.

일부 지방에서는 도화 색채를 풍부하게 하기 위해 자수 혹은 납염(蠟染)을 결합시킨다. 예를 들면, 검동남주의 일부 작품은 도화 후 자수를 더하고 검서북의 일부 작품은 납염한 천에 도화한다. 바탕천은 일반적으로 검은색·푸른색·남색 천을 사용한다. 검동남주 황평현(黃平縣) 일대의 묘족은 '금람포(金藍布)'에 도화하여 화려함을 강조하기도 한다. 색채의 운용에 있어 도화는 외부환경의 영향을 크게 받는다. 예를 들어 귀주성(貴州省) 중부의 산수가 아름다운 화계구(花溪區) 일대의 묘족(苗族) 도화(挑花)는 그 색상이 명쾌하며, 검서남주의 산이 높고 숲이 울창한 정풍현(貞豊縣) 일대 묘족 도화는 색상이 어둡고 무게감이 있어 가까이 봐야만 문양이 보인다. 이로부터 제작자의 색상 배치는 외부환경과 관계가 있음을 알 수 있다. 풍부한 색상과 문양의 합리적인 조합으로 귀주 소수민족 도화는 독특한 리듬감과 운율감을 갖추어 교향악을 듣는 듯한 느낌을 준다.

귀양시 화계구(花溪區) 묘족

4. 민족문화심리와 풍속에 깊이 파고들어 용도가 다양한 도화

귀주 소수민족 도화의 계승과 발전에 있어서 대대로 이어져 온 문화 및 신앙, 민족적 자긍심과 자신감, 오랫동안 길러진 심미관과 생활습관 등 민족문화심리가 커다란 역할을 하였다. 그러나 생활 속의 실용성 또한 매우 중요하다. 도화는 의복의 장식으로 응용되는데 배선(背扇, 아기를 업는 데 쓰는 천), 망토, 허리띠, 머리띠, 치맛단, 모자, 신발, 각반(脚絆), 구두 깔창, 손수건뿐만 아니라 제사용품인 기번(旗幡)에도 사용된다. 각 민족은 거주 환경이 달라 심미관과 생활습관에도 차이가 나타나는데 자수 위주인 지역과 납염(蠟染) 위주인 지역이 존재한다. 예를 들어, 귀양(貴陽) 및 검동남(黔東南) 일부 지역은 도화를 위주로 하여 머리에서 발끝까지 도화를 걸치기도 한다. 명절이나 축제 때마다 사람들은 도화, 자수, 납염, 은장식이 어우러진 화려한 옷차림으로 분위기를 더해 주었는데 이는 결코 빼놓을 수 없는 행사인 동시에 몸에 밴 습관이기도 하다.

이외에도 도화는 혼수나 사랑의 증표로 쓰이고 민족적 특징, 손재주 및 부유함 등을 나타낼 뿐만 아니라 내구성 또한 갖추었다.

일부 소수민족의 도화는 대대로 이어지는 과정에서 특수한 민속을 형성하였다. 예를 들어 귀양시(貴陽市) 화계구(花溪區) 지역의 묘족은 배선 위에 사각형을 수놓는데 '묘왕인(苗王印)' 혹은 '배패(背牌)'라고 부르기도 한다. 전해지는 전설 중 하나는 묘족 선조들이 이주하는 과정에서 식별을 목적으로 등에 '묘

귀양시 백운구(白雲區) 묘족

묘족직금(苗族織錦)

검남주(黔南州) 여파현(荔波縣) 요족(瑤族)

왕인'을 찍었는데 이후 도화의 도안으로 변화하였다는 것이다. 이 밖에 옛날에 서로 사랑하는 젊은 남녀가 부모의 반대로 헤어지게 되자 남자가 활로 여자가 수놓은 배패를 쏘아 내생에 다시 만날 것을 맹세했다는 전설도 있다. 이 전설은 대대로 전해져 젊은 남녀가 사랑을 전하는 방식이 되었다.

묘족 여성들은 어려서부터 도화 · 자수 등을 익히고 혼수를 만든다. 이 밖에 집에서 도화하면 말다툼이 많아진다고 생각하는 점이 흥미롭다. 이로 인해 안순시(安順市) 및 귀양시 화계구 일대 묘족 여성 사이에는 동굴에서 도화하는 풍속이 나타났다. 그들이 만든 혼수 중에는 배선이 많다. 일부 지방에서는 만물이 생장하는 봄철에 수를 놓는데 개구리 소리가 날 때면 무조건 도화를 중지한다. 이는 아이가 태어나서 개구리처럼 시끄럽게 보채는 것을 막기 위해서다. 용리현(龍里縣) 일대의 묘족 여성들은 손수건에 도화할 때 항상 일부분을 남겨 수놓지 않는데 이는 자자손손 이를 이어 수놓아 가라는 의미이다. 상술한 풍속과 금기는 문화의 특수성을 담고 있으며 도화가 귀주 소수민족 사이에 깊이 뿌리 내린 원인이기도 하다.

직금(織錦)

송말원초(宋末元初) 주희(朱熹)의 제자인 대동(戴侗)은 『육서고(六書故)』「공사육(工事六)」에서 "채색 무늬를 수놓은 것은 금(錦)이고 백색 무늬인 것은 기(綺)이다"라고 설명하였다. 직금은 채색실로 무늬를 수놓은 직물이자 날실이 두 겹이고 씨실이 한 겹인 이중직 자카드 직물이다. 이는 가장 화려하고 정교한 견직물이다.

중국 직금은 4천 년 이상의 유구한 역사를 가지고 있다. 『상서(尙書)』「우공(禹貢)」에는 "공물은 옻칠과 생사(生絲)이고, 광주리에 담은 것은 무늬를 넣은 베이다(厥貢漆絲, 厥篚織文)"라는 기록이 있는데 그중 직문(織文)이란 염색된 명주실로 무늬를 수놓은 견직물 – 금 혹은 기를 가리킨다. 『국어(國語)』「제어(齊語)」에서는 "지난날 선군 양공은…… 의복에 반드시 무늬를 수놓았다(昔吾先君襄公…… 衣必文繡)"라고 언급했고, 『시경(詩經)』「소아(小雅)」항백(巷伯) 및 「진풍(秦風)」종남(終南)에는 "얼룩덜룩 조개 무늬 비단을 짜듯(萋兮斐兮, 成是貝錦)"과 "비단옷과 여우 갖옷(錦衣狐裘)"이라는 시구가 존재하였다. 고궁박물원에 소장된 상(商)나라 시기의 청옥곡내과(靑玉曲內戈)에 남은 번개무늬 기(綺)의 흔적은 문양상에서 평직 바탕에 능선 네 개로 무늬를 넣어 선명하고 대칭성이 강한 정교한 공예 수준을 보여주었다. 이 밖에 요녕성(遼寧省) 요양시(遼陽市) 위영자(魏營子) 서주(西周)시대 묘지에서 출토된 직금조각에는 능선이 선명히 남아 있다. 이로부터 상·주(商·周)시대 금의 직조기술이 이미 성숙기에 달하였다는 것을 알 수 있다. 동한(東漢) 말기 사람인 유희(劉熙)는 『석명(釋名)』권2 「석채백(釋彩帛)」에서 다음과 같이 언급하였다. "금(錦)은 짜기가 어려워 금(金)만큼 가치가 있어 비단과 금(金)을 합해 그 뜻을 표현했다. ……기(綺)는 무늬가 날실과 씨실의 방향을 따르지 않고…… 바둑마냥 네모난 무늬를 수놓았다(錦, 金也. 作之用功重. 其價如金, 故其制字從帛與金也. …… 綺, 欹也. 其文欹邪, 不順經緯之縱橫也…… 有棋文者方文如棋也)." 『시경(詩經)』「정풍(鄭風)」풍(豊)에는 "의금경의(衣錦褧衣)" 및 "상금경상(裳錦褧裳)"이라는 구절이 나온다. 경의와 경상이란 솜옷 위에 걸치는 덧옷을 뜻하는데 금의(錦衣)·금상(錦裳)을 입을 때 겉에 걸쳤다. 이처럼 금(錦)은 매우 귀한 천으로 옛날부터 '채색무늬 비단'이나 '황금처럼 귀중하다'라는 말도 함께 전해 왔다. 사천(四川)의 촉금(蜀錦), 소주(蘇州)이 송금(宋錦) 남경(南京)의 운금(雲錦)이 옛날부터 유명했고 직금공예 또한 전국 각지에서 모두 유행하였는데 그중에서도 특히 소수민족 지역의 직금이 특출하였다. 예를 들어 귀주의 묘금(苗錦)·동금(侗錦)·포의금(布依錦) 등 직금은 다른 직금에 비할 바 없이 우수하다.

진·한(秦·漢)시대 귀주에는 이미 "나무껍질로 베를 짜고 풀 열매로 물을 들인다(織績木皮, 染以草實)"라는 기록이 남아 있었는데 당시 오색찬란한 옷을 '반의(斑衣)'라고 칭하였다. 귀주 소수민족 직금은 자체직인 짜기를 바탕으로 기타 지역의 문화를 흡수하였다. 면화 재배가 보편화되면서 직조공예도 잇따라 보급되었는데 그중 묘족(苗族) 직조품인 '화초포(花椒布)' 및 포의족(布依族) 직조품인 '격격포(格格布)'가 가장 독특했다. 귀주 소수민족들은 직금을 '직화(織花)'라고 불렀는데 기법은 도화와 비슷하지만 직기로 직조한 것이다. 일부 정교한 도화는 직금처럼 보이기도 한다.

귀주 소수민족 직금공예는 한나라 초기 남방의 비단길을 개척할 때 중원으로부터 귀주로 전해진 것으로 추정된다. 『사기(史記)』「서남이열전(西南夷列傳)」에는 "한무제(漢武帝) 원수(元狩) 원년(기원전 122년)에 박망후(博望侯) 장건(張騫)이 사절로 대하(大夏, 오늘날 이란)를 방문하여 촉포(蜀布)와 공죽장(邛竹杖)을 보고 들여온 곳을 물어보니 '동남쪽의 신독국(身毒國, 오늘날 인도)에서 들여오는데 수천 리가 떨어져 있으나 촉나라 상인으로부터 살 수 있다'

검서남주(黔西南州) 정풍현(貞豊縣) 포의족(布依族)

라고 하였다. 또 어떤 이는 공(邛)의 서쪽으로 2천 리를 걸으면 신독국을 찾을 수 있다고 말했다. 장건은, 한나라 서남쪽에 있는 대하는 오래전부터 중국을 흠모했지만 흉노가 길을 막고 있어 접촉할 수 없었는데 신독국을 통하면 길이 편하고 가까우며 해가 될 것이 없다고 하였다. 이를 들은 천자는 왕연우(王然于)·백시창(柏始昌)·여월인(呂越人) 등에게 즉시 신독국을 찾으라는 명을 내렸다"라는 기록이 있다. 이렇게 하여 영관도(靈關道)·오척도(五尺道)·검중고도(黔中古道)·영창도(永昌道) 등 고도(古道)로 구성된 '촉신독도(蜀身毒道)'가 개척되었고 파촉(巴蜀)·야랑(夜郞)·운남(雲南)·남아시아 및 서아시아에 이르는 이 길은 점차 남방의 비단길이 되었다. 최근 사각형 돌로 조성된 고대 역로(驛路)가 귀주에서 운남으로 향하는 수역에서 발견되었는데 귀주·운남·남아시아·서아시아를 가로지르는 남방 비단길의 교통요로에 속하는 것으로 연구 결과 밝혀졌다. 역로의 발견은 방울소리와 함께 대상(隊商)들이 이동하는 모습을 떠올리게 한다. 역로를 통해 금뿐만 아니라 직조공예 또한 전해졌을 것으로 추정된다.

그러나 귀주 소수민족은 제갈량이 군대를 이끌고 남벌에 나섰을 때 촉금(蜀錦)의 직조공예가 그들에게 전해졌다고 생각한다. 구체적으로 보면, 촉한(蜀漢) 건흥(建興) 3년(225년) 제갈량이 삼로(三路) 대군을 직접 통솔하여 운남 남중(南中)을 평정하면서부터 촉한이 검북(黔北)을 통치하였고 현지 소수민족들과도 양호한 관계를 맺었다. 습수현(習水縣) 삼차하향(三岔河鄉)에는 장무(章武) 3년이라고 쓰인 촉한의 석각(石刻)이 있어 이 같은 관계를 드러내 준다. 검북 소수민족은 직금을 '제갈금(諸葛錦)', '무후금(武侯錦)' 또는 목면실로 직조해 '목면금(木棉錦)'이라고도 하였다.

묘족(苗族) 선조들은 동에서 서로, 북에서 남으로 장기간에 걸쳐 이동하였다. 상·주(商·周)시대 묘족은 장강(長江) 중류 지역에서 거주했는데 당시 기타 민족과 통틀어 '형초(荊楚)' 및 '남만(南蠻)'이라고 불렸다. 진·한(秦·漢) 이후, 당시 '무릉오계(武陵五溪)'라고 불리던 상서(湘西) 원강(沅江) 유역, 악서(鄂西) 청강(淸江) 유역, 검동남(黔東南)의 청수강(淸水江) 유역 등 무릉군 지역에 집중적으로 거주하며 기타 민족들과 통틀어 '무릉만(武陵蠻)', '오계만(五溪蠻)' 등으로 불렸다. 이후 서쪽으로 이동하여 귀주에 정착했다. 묘금(苗錦)의 역사가 춘추전국(春秋戰國)시대까지 거슬러 올라갈 수 있는지, 어떻게 호북성(湖北省) 강릉현(江陵縣) 초(楚)나라 묘지에서 출토된 정교한 채색 금에서 묘금의 흔적을 찾을 수 있는지 등에 대해서는 심층적인 연구가 필요하다.

육반수시 육지특구 묘족

귀주 소수민족 직금은 귀주성의 동남 · 서남 · 남북 등지에 분포하며 묘금(苗錦)과 동금(侗錦)이 가장 유명하다. 묘금에서도 검동남(黔東南) 묘족 직조품은 정교한 공예와 화려한 색채, 그리고 복잡한 도안으로 가장 우수하다. 검동남 묘족 채색 금에는 식물문양 외에도 용문양, 물고기문양, 새문양, 거위문양, 나비문양, 인물문양과 사회생활을 반영한 각종 문양이 나타났으며 조형은 꾸밈없이 소박하다. 동금은 검동남주 종강현(從江縣) · 여평현(黎平縣) 일대가 대표적인데 이곳에서는 대부분 면과 삼실[麻絲]로 직조한다. 날실은 백색이 위주이고 씨실은 흑색이며 그 위에 진홍색 · 녹색 · 남색 · 자주색 등으로 꾸며 준다. 문양은 연속으로 된 능형(菱形)이 많고 무게감 있는 색상으로 소박하고 예스러운 문양을 형성한다.

또한 포의금(布依錦)도 특색이 강하다. 포의족 사람들은 직기를 이용해 명주실 혹은 명주실과 면실을 혼합해 채색 금을 직조한다. 도안은 기하형 문양을 위주로 하고 동식물문양 및 인물문양도 있는데 사실감이 뛰어난 작품이 종종 보인다. 포의금은 홑소내와 아기를 업을 때 사용하는 어깨끈에 자주 사용된다. 기하문 도안을 위주로 하고 색상도 화려하다. 포의족 여성들은 비 온 뒤의 무지개를 새겨 넣곤 하는데 도안이 정연하고 성김과 빽빽함이 알맞으며 활발하고 명쾌하며 조화롭고 미감이 넘쳐난다. 특히 안수시(安順市)의 진녕(鎮寧)자치현, 검서남주(黔西南州)의 흥의시(興義市), 검남주(黔南州)의 평당현(平塘縣) 등지의 포의금은 수많은 사람들의 호평을 받고 있다.

이 밖에 검동남주(黔東南州) 태강현(台江縣)의 시동(施洞), 개리시(凱里市) 향로산(香爐山)의 묘금은 백색 민실로 직조한 후 곤색으로 염색해 소박하고 시원한 느낌을 준다. 검동남주 마강현(麻江縣), 단채현(丹寨縣)의 묘금은 전부 꼬지 않은 가는 실로 직조하는데 백색을 날실로, 청색을 씨실로 하여 정교하고 고른 문양을 이룬다. 검서북(黔西北) 묘금도 아주 특색 있다. 지세가 높고 추운 산간 지역이라 양을 기르는데 이에 따라 양털로 짠 실을 직금에 사용한다. 이들은 삼실을 날실로 하고 염색한 붉은색 · 검은색 털실을 씨실로 하여 무늬를 수놓고 망토 등을 만든다.

귀주 소수민족 직금공예는 일반적으로 구전되어 최초의 형태를 최대한 간직하고 있다. 크기에 따라 홑청, 침대보, 옷, 앞치마, 어깨끈, 두건, 각반(脚絆) 및 허리띠 등이 있으며 그 용도가 매우 광범위하다.

귀주 소수민족 직금의 원료는 동물섬유[양모(羊毛) 및 잠사(蠶絲)]와 식물섬유[면사(綿絲) 및 마사(麻絲)]로 구분된다. 그중 식물섬유가 더

목직기

많이 사용되며 면직(綿織) 및 견직(絹織) 두 가지 종류가 가장 보편적이다. 견직의 채색 금은 부드러우며 가볍고 정교하다. 면직품은 흑백이 분명하고 구도가 엄밀하며 도안이 정교하면서도 무게감과 고풍이 넘친다. 귀주 소수민족이 직접 생산한 직금원료는 채집·방적·염색 등 복잡한 과정을 거친다.

귀주 소수민족 직금용 직기인 목직기(木織機)는 대부분 사직기(斜織機)를 사용한다. 사직기에는 날실을 고정하는 틀과 천을 감는 장치가 있다. 직기대와 날실 평면은 서로 빗각을 이루고 짝수의 잉아올과 홀수의 사올을 사용해, 동시에 발로 디뎌 잉앗실을 끌어올린다. 씨실이 드러나도록 하여 바디로 날실을 고정하고 북을 따라 씨실이 드나들도록 한다. 이렇게 제조된 금은 표면이 고르고 장력도 균일하다. 그중 직금 면적이 큰 것은 직기로 제조하고 면적이 작은 것은 빗으로 엮기도 한다. 안순시 진녕자치현 포의족(布依族)은 직금을 제조할 때 정면을 아래로, 뒷면을 위로 향하게 해 바느질하는 독특한 반직(反織 반대로 직조함) 기법을 사용하고 있다. 따라서 직기에는 오류를 검사하는 거울이 달려 있다. 귀주 소수민족 직금은 도화와 마찬가지로 세밀한 작업이라 하루에 2~3인치 정도만 작업이 가능하며 완성한 후 자수작업이 필요한 것들도 적지 않다.

귀주 소수민족 직금의 색상은 소금(素錦)과 채색 금 두 가지 종류로 구분된다. 소금은 검은 실과 흰 실을 사용하며 씨실이 천을 관통하도록 직조하는데 완성품의 정면은 백색 바탕 위에 검은색 무늬가 형성되고 뒷면에는 검은색 바탕 위에 백색 무늬가 형성되어 '양면 금'이라고 부른다. 소금의 문양은 주로 능형(菱形)과 방형(方形)을 번갈아 배치하고 그 사이에 꽃·열매·식물 등 문양을 알맞게 배치한다. 인물·동물 문양도 있지만 보기 드물다. 채색 금은 채색 실로 문양이 필요한 부분에만 씨실을 짜 넣어 직조를 끝마친 후 정면에만 무늬가 나타난다. 채색 금의 직조 공예는 상대적으로 복잡하다. 이는 보통 도화와 동시에 진행되는데 보통 무늬를 만드는 씨실 및 바탕 씨실을 각각 1줄씩 도화한 후 평직 씨실 1줄을 직조한다. 이렇게 되면 평직 씨실은 겉으로 드러나지 않는다. 채색 금은 색상 응용 및 배색이 중요한데 따뜻한 색을 위주로 하고 다른 색으로 이를 꾸며 주어 매우 아름답다. 정리해 보면 소금은 흑백이 분명하고 소박하고 우아하며, 채색 금은 그 문양이 소금보다 풍부하고 다채롭다.

귀주 소수민족 직금은 문양이 풍부하면서도 정연하게 배

소금(素錦)

채색 금(錦)

열되었다. 날실과 씨실에 따라 규칙적으로 직조된 이 문양들
은 장인의 독창성에 따라 순수한 기하모양 외에 다양한 자연
구상 및 인공구상이 나타나고 더불어 생략·변형·과장 등
의 특징을 드러낸다. 귀주 소수민족 직금문양은 대체로 도화
문양과 일치하고 문화·신앙·기복 등의 뜻을 담고 있다. 이
를 '화(花)'라고 통칭하지만 실제로는 화조충어(花鳥蟲魚) 등을 모
두 다루었다.

다음에는 검동남주(黔東南州) 개리시(凱里市) 주계진(丹溪鎭) 및 태
강현(台江縣) 시동진(施洞鎭) 묘금(苗錦)을 살펴보자.

주계진 직금은 면직과 견직으로 구분된다. 견직은 가볍고
매끄러우며 복잡하지만 질서가 있고 빛이 난다. 반대로 면직
은 흑백이 분명하고 구도가 치밀하며 도안은 정교하고 무게
감과 고풍이 넘친다. 직조기술의 발전으로 천이 매끄럽고 부
드러워 묘금의 높은 수준을 보여준다. 원시 목직기로 직조된
주계진 묘금은 금의 폭이 넓은 것이 특징이며 정교함이 필요
해 소요되는 시간도 많다. 이에 하루 평균 작업량이 4~5cm
에 불과해 어깨끈 하나를 만들려면 40~50일 이상이 걸린다.
주계진 묘금은 소금을 위주로 흑백이 분명하고, 한 면에 직
조하나 양면에 전부 무늬가 나타난다. 또한 폭이 좁아 세 폭
을 합쳐야만 홑청 하나가 완성된다. 묘금의 용도는 다양한데,
두건, 잎치마, 어깨끈 및 제사용 '번(幡, 수직으로 거는 좁고 긴 깃발)' 등에
많이 사용된다. 주계진 묘금의 도안들은 대부분 기하문양 안
에 새기며 문양은 '십(十)'자문양과 능형(菱形)문양에 변화를 주
는 방식으로 이루어진다. 능형 종류에는 '만(万)'자문양, 톱니
문양, 팔각문양, 새문양 등이 있다. ↑평 혹은 사선(斜線)식 이
방연속(二方連續)문양은 비록 기하문양에 속하지만 정연한 배치
로 경직된 느낌이 없다. 예를 들어, 긴 직금 위에 수놓은 12개
의 능형은 비록 기하모양이지만 도안마다 자체의 변화가 존
재한다. 문양도 변화가 풍부하고 모두 의미를 담고 있는데 날
실과 씨실의 직조 속에서 고대 중국의 각 시기에 나타난 기
하문양의 연원을 찾아볼 수 있다. 예를 들어 연구문(連勾紋)·회
문(回紋)·뇌문(雷紋) 등은 상·주(商·周)시대 도안에 대응된다. 문
양에는 동물문양과 식물문양이 있는데 동물문양에는 나비·
새·개구리·거미문양과 머리와 꼬리가 없는 용문양과 벌집
문양 등이 있고 식물문양에는 연꽃·팔각화(八角花)·양각화(羊
角花)·이파화(籬笆花)·단풍나무꽃문양 등이 있다. 이처럼 다양
한 도안에는 주계진 묘족의 기원, 토템숭배, 종교신앙 등이
담겨 있는데, 예컨대 나비문양은 나비엄마[蝴蝶媽媽], 새문양은

능형(菱形)문양

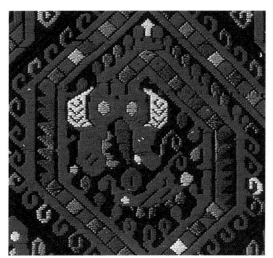

용(龍)문양

새문양

척우조(鶺宇鳥), 팔각문양은 태양과 광명을 대표한다.

시동진 묘금은 면직을 위주로 하고 문양이 필요한 부분에만 씨실을 짜 넣는다. 더불어 뛰어난 바느질 솜씨로 다른 지역보다 기법이 다양하다. 예를 들어 직조 후 다시 십자수로 색상을 추가하는 방식 등이 있다. 작품은 무게감과 고풍이 넘치고 힘이 있으며 색상이 화려해 장식성이 강하다. 도안은 자유분방하고 대담하게 창조함으로써 그 변화도 풍부하다. 도안문양에는 사람·용·개구리·물고기·나비·식물·기하문양, '정(丼)'자문 등이 있다. 시동진 직금은 대부분 앞치마, 어깨끈, 두건 및 각종 띠를 만들 때 사용된다. 그중 앞치마의 직조 방법은 일상에서 제재를 취한 것이 많은데 사방으로 퍼지는 회문(回紋)을 사용하여 주객이 분명하고 우아하고 다양한 색상 조합으로 자신의 독특한 특색을 나타낸다. 용문양은 시동진 직금에서 흔히 나타난다. 도안의 정중앙에 용머리를 배치하고 몸통은 변화가 다양하며 기하문양으로 눈·코·입·귀·발톱·비늘·꼬리를 생동감 있게 묘사한다. 다음으로 각종 길상(吉祥)문양도 많이 나타난다. 시동진의 직금 화대(花帶) 또한 특색 있다. 넓은 것과 좁은 것으로 구분되는데 넓은 것은 10cm 이상이고 좁은 것은 1~3cm 정도이다. 넓은 것은 허리띠, 어깨끈, 전족(纏足)용 띠를 만들 때 사용되고 좁은 것은 버클, 신발 끈 등에 사용된다. 문양은 이방연속을 위주로 중앙에 새문양 혹은 각종 변형된 기하문양을 수놓는다. 넓은 것은 직기를 사용하고 좁은 것은 작은 나무빗을 사용해 만든다.

시동진의 묘금은 예술성이 뛰어나다. 직금 표면이 화려하고 선명한 동시에 과장되고 대담한 표현기법으로 구상(具象) 또는 반구상(半具象)의 문양조형을 나타낸다. 뿐만 아니라 대칭성을 고려하지 않고 나선형으로 용을 새겨 독특한 풍격을 구현한다.

목차

도

화

도화장(跳花場)[안순(安順) 묘족(苗族)]

차려입은 묘족 처녀[귀양(靑陽) 청진(淸鎭)]

차려입은 묘족 총각[귀양 청진]

꽃다운 나이의 묘족 소녀(귀양 청진)

단장 중인 묘족 소녀[귀양 오당(烏當)]

대가(對歌)하러 가는 묘족(苗族) 처녀[귀양(貴陽) 오당(烏當)]

묘족 자매[안순(安順) 평패(平壩)]

차려입은 묘족 어린이 뒷모습[귀양 화계(花溪)]

차려입은 묘족 어린이(귀양 화계)

뒤돌아보는 묘족(苗族) 소녀[귀양(貴陽) 화계(花溪)]

차려입은 묘족 소녀 뒷모습(귀양 화계)

노생(蘆笙) 부는 묘족 남자[육반수(六盤水) 육지(六枝)]

성대한 묘족 집회(귀양 화계)

동족(侗族) 소녀[검동남(黔東南) 천주(天柱)]

묘채(苗寨) 처녀들[검남(黔南) 용리(龍里)]

쇄납(鎖吶) 부는 남자[검남 귀정(貴定)]

노생(蘆笙)을 든 묘족 총각(검남 용리)

귀주성(貴州省) 중부(中部)

묘족도화(苗族挑花) 두건(頭巾)
주제문양: 어골(魚骨), 팔각(八角)

귀양(貴陽) 화계(花溪)

묘족도화(苗族挑花) 옷장식[衣飾](좌측)
주제문양: 어골(魚骨), 팔각(八角)

귀양(貴陽) 화계(花溪)

묘족도화(苗族挑花) 배패(背牌)
주제문양: 어골(魚骨), 팔각(八角)

귀양(貴陽) 화계(花溪)

묘족도화(苗族挑花) 전족(纏足)용 띠[裹脚布]
주제문양: 어골(魚骨), 팔각(八角)

귀양(貴陽) 화계(花溪)

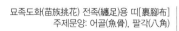

묘족도화(苗族挑花) 배패(背牌)
주제문양: 어골(魚骨), 팔각(八角)

귀양(貴陽) 화계(花溪)

묘족도화(苗族挑花) 배패(背牌)
주제문양: 닭의 볏[雞冠], 팔각(八角)

귀양(貴陽) 화계(花溪)

묘족도화(苗族挑花) 옷장식[衣飾](좌측)
주제문양: 어골(魚骨), 팔각(八角)

귀양(貴陽) 화계(花溪)

묘족도화(苗族挑花) 배선(背扇)
주제문양: 어골(魚骨), 팔각(八角)

귀양(貴陽) 화계(花溪)

묘족도화(苗族挑花) 조각[拼片]
주제문양: 나비수염[蝶須], 돼지발[猪蹄叉]

귀양(貴陽) 화계(花溪)

묘족도화(苗族挑花) 조각[拼片]
주제문양: 모란[牡丹]

귀양(貴陽) 화계(花溪)

묘족도화(苗族挑花) 조각[拼片]
주제문양: 어골(魚骨)

귀양(貴陽) 화계(花溪)

묘족도화(苗族挑花) 조각[拼片]
주제문양: 개구리[蛙], 팔각(八角)

귀양(貴陽) 화계(花溪)

묘족도화(苗族挑花) 조각[拼片]
주제문양: 팔각(八角)

귀양(貴陽) 화계(花溪)

묘족도화(苗族挑花) 조각[拼片]
주제문양: 팔각(八角)

귀양(貴陽) 화계(花溪)

묘족도화(苗族挑花) 앞치마[圍腰]
주제문양: 팔각(八角), 잔꽃무늬[碎花]

귀양(貴陽) 화계(花溪)

묘족도화(苗族挑花) 앞치마[圍腰]
주제문양: 꽃[花], 새[鳥], 자물쇠[鎖]

귀양(貴陽) 화계(花溪)

묘족도화(苗族挑花) 조각[拼片]
주제문양: 어골(魚骨)

귀양(貴陽) 화계(花溪)

묘족도화(苗族挑花) 조각[拼片]
주제문양: 새[鳥]

귀양(貴陽) 화계(花溪)

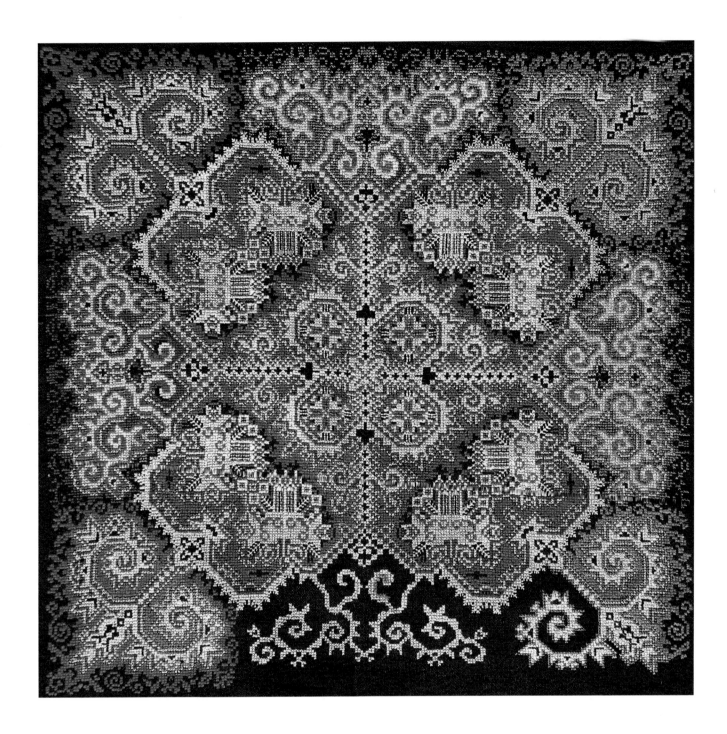

묘족도화(苗族挑花) 배선단[背扇脚]
주제문양: 등(燈)

귀양(貴陽) 화계(花溪)

묘족도화(苗族挑花) 배선단[背扇脚](상)
주제문양: 어골(魚骨)

귀양(貴陽) 화계(花溪)

묘족도화(苗族挑花) 배선단[背扇脚][하, 두화침(逗花針)]
주제문양: 어골(魚骨)

귀양(貴陽) 화계(花溪)

묘족도화(苗族挑花) 조각[拼片](좌측 상)
주제문양: 어골(魚骨)

귀양(貴陽) 화계(花溪)

묘족도화(苗族挑花) 화대(花帶)(좌측 하)
주제문양: 기하형(幾何形) 잔꽃무늬[碎花]

귀양(貴陽) 화계(花溪)

묘족도화(苗族挑花) 조각[拼片]
주제문양: 팔각(八角)

귀양(貴陽) 화계(花溪)

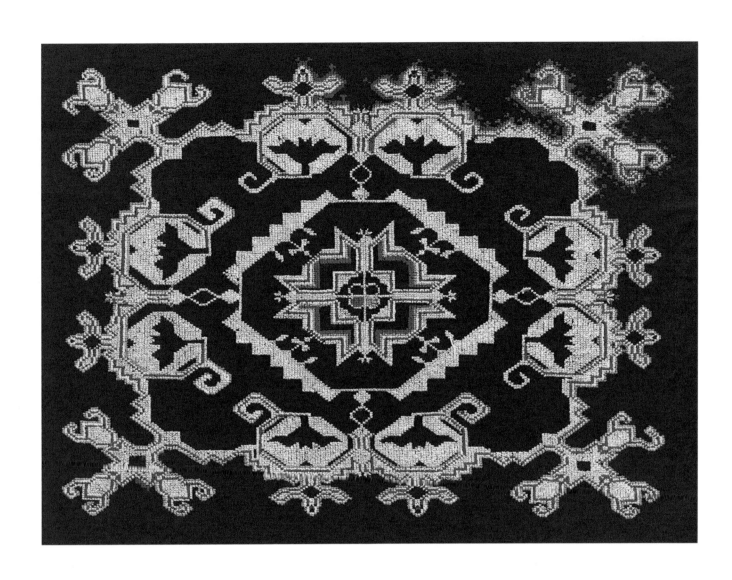

묘족도화(苗族挑花) 조각[拼片]
주제문양: 팔각(八角), 석류(石榴)

귀양(貴陽) 화계(花溪)

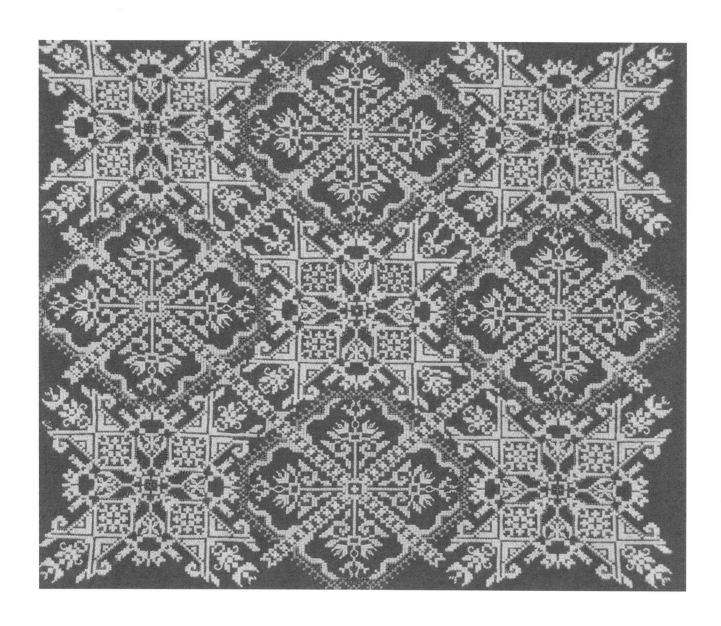

묘족도화(苗族挑花) 조각[拼片]
주제문양: 팔각(八角)

귀양(貴陽) 화계(花溪)

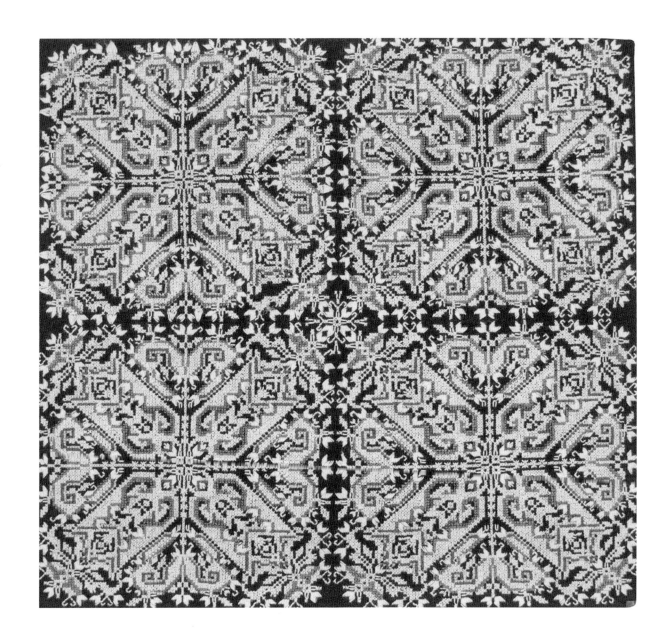

묘족도화(苗族挑花) 조각[拼片]
주제문양: 팔각(八角), 기하형(幾何形)

귀양(貴陽) 화계(花溪)

묘족도화(苗族挑花) 조각[拼片]
주제문양: 기하형(幾何形) 잔꽃무늬[碎花]

귀양(貴陽) 화계(花溪)

묘족도화(苗族挑花) 조각[拼片]
주제문양: 돼지발[猪蹄叉], 석류꽃[石榴花]

귀양(貴陽) 화계(花溪)

묘족도화(苗族挑花) 배선단[背扇脚]
주제문양: 팔각(八角)

귀양(貴陽) 화계(花溪)

묘족도화(苗族挑花) 조각[拼片]
주제문양: 눈송이[雪花]

귀양(貴陽) 화계(花溪)

묘족도화(苗族挑花) 조각[拼片]
주제문양: 기하형(幾何形) 잔꽃무늬[碎花]

귀양(貴陽) 화계(花溪)

묘족도화(苗族挑花) 조각[拼片]
주제문양: 가시꽃[刺花]

귀양(貴陽) 화계(花溪)

묘족도화(苗族挑花) 조각[拼片]
주제문양: 팔각(八角), 사판화(四瓣花)

귀양(貴陽) 화계(花溪)

묘족도화(苗族挑花) 조각[拼片](좌측 상하, 두화침(逗花針)]
주제문양: 어골(魚骨)

묘족도화(苗族挑花) 배선단[背扇脚]
주제문양: 눈송이[雪花]

귀양(貴陽) 화계(花溪)

귀양(貴陽) 화계(花溪)

묘족도화(苗族挑花) 조각[拼片](상)
주제문양: 기하형(幾何形) 잔꽃무늬[碎花]

귀양(貴陽) 화계(花溪)

묘족도화(苗族挑花) 배선단[背扇脚](하)
주제문양: 고사리[蕨], 팔각(八角)

귀양(貴陽) 화계(花溪)

묘족도화(苗族挑花) 조각[拼片][두화침(逗花針)]
주제문양: 어골(魚骨)

귀양(貴陽) 화계(花溪)

묘족도화(苗族挑花) 배선단[背扇脚][두화침(逗花針)]
주제문양: 어골(魚骨)

귀양(貴陽) 화계(花溪)

묘족도화(苗族挑花) 의배(衣背)(부분)
주제문양: 어골(魚骨)

귀양(貴陽) 화계(花溪)

묘족도화(苗族挑花) 조각[拼片]
주제문양: 팔각(八角), 나비수염[蝶須]

귀양(貴陽) 화계(花溪)

묘족도화(苗族挑花) 조각[拼片]
주제문양: 기하형(幾何形) 잔꽃무늬[碎花]

귀양(貴陽) 화계(花溪)

묘족도화(苗族挑花) 배패(背牌)(좌측 상) 주제문양: 기하형(幾何形) 잔꽃무늬[碎花]	묘족도화(苗族挑花) 배패(背牌)(좌측 하) 주제문양: 팔각(八角)	묘족도화(苗族挑花) 배패(背牌)(우측 상) 주제문양: 눈송이[雪花]	묘족도화(苗族挑花) 배패(背牌)(우측 하) 주제문양: 눈송이[雪花]
귀양(貴陽) 화계(花溪)	귀양(貴陽) 화계(花溪)	귀양(貴陽) 화계(花溪)	귀양(貴陽) 화계(花溪)

묘족도화(苗族挑花) 조각[拼條]
주제문양: 기하형(幾何形)

귀양(貴陽) 화계(花溪)

묘족도화(苗族挑花) 조각[拼片]
주제문양: 눈송이[雪花]

귀양(貴陽) 화계(花溪)

묘족도화(苗族挑花) 배선단[背扇脚]
주제문양: 팔각(八角)

귀양(貴陽) 화계(花溪)

묘족도화(苗族挑花) 의배(衣背)(상)
주제문양: 사판화(四瓣花), 기하형(幾何形) 잔꽃무늬[碎花]

귀양(貴陽) 화계(花溪)

묘족도화(苗族挑花) 배선단[背扇脚](하)
주제문양: 기하형(幾何形) 잔꽃무늬[碎花]

귀양(貴陽) 화계(花溪)

묘족도화(苗族挑花) 조각[拼片]
주제문양: 기하형(幾何形) 잔꽃무늬[碎花]

귀양(貴陽) 화계(花溪)

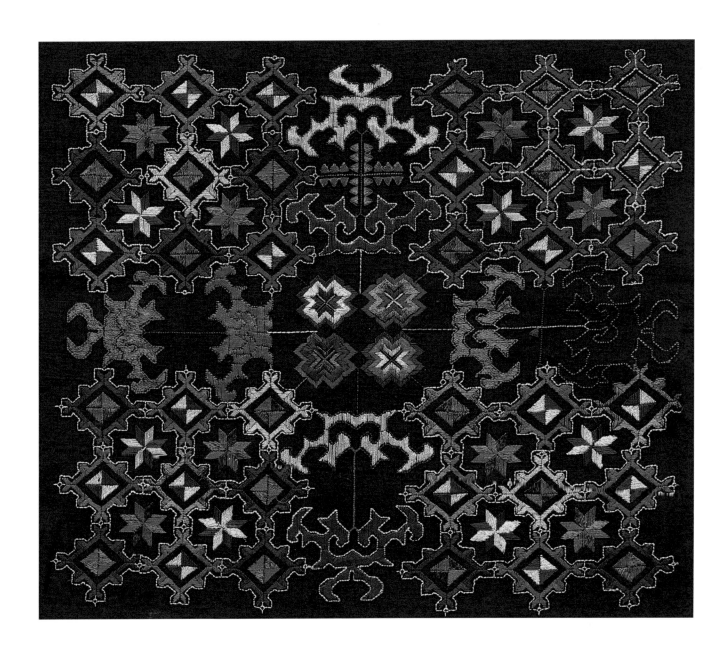

묘족도화(苗族挑花) 조각[拼片]
주제문양: 팔각(八角)

귀양(貴陽) 화계(花溪)

묘족도화(苗族挑花) 배선단[背扇脚]
주제문양: 어골(魚骨)

귀양(貴陽) 화계(花溪)

묘족도화(苗族挑花) 조각[拼片]
주제문양: 기하형(幾何形) 잔꽃무늬[碎花]

귀양(貴陽) 화계(花溪)

묘족도화(苗族挑花) 조각[拼片]
주제문양: 팔각(八角)

귀양(貴陽) 화계(花溪)

묘족도화(苗族挑花) 배선단[背扇脚]
주제문양: 어골(魚骨)

귀양(貴陽) 화계(花溪)

묘족도화(苗族挑花) 배선단[背扇脚]
주제문양: 기하형(幾何形) 잔꽃무늬[碎花]

귀양(貴陽) 화계(花溪)

묘족도화(苗族挑花) 배선단[背扇脚]
주제문양: 기하형(幾何形) 잔꽃무늬[碎花]

귀양(貴陽) 화계(花溪)

묘족도화(苗族挑花) 조각[拼片]
주제문양: 돼지발[猪蹄叉]

귀양(貴陽) 화계(花溪)

묘족도화(苗族挑花) 조각[拼片]
주제문양: 팔각(八角), 등(燈)

귀양(貴陽) 화계(花溪)

묘족도화(苗族挑花) 조각[拼片]
주제문양: 등(燈)

귀양(貴陽) 화계(花溪)

묘족도화(苗族挑花) 의배(衣背)(구형)
주제문양: 눈송이[雪花]

귀양(貴陽) 화계(花溪)

묘족도화(苗族挑花) 의배(衣背)
주제문양: 나비수염[蝶須]

귀양(貴陽) 화계(花溪)

묘족도화(苗族挑花) 배선단[背扇脚]
주제문양: 팔각(八角)

귀양(貴陽) 화계(花溪)

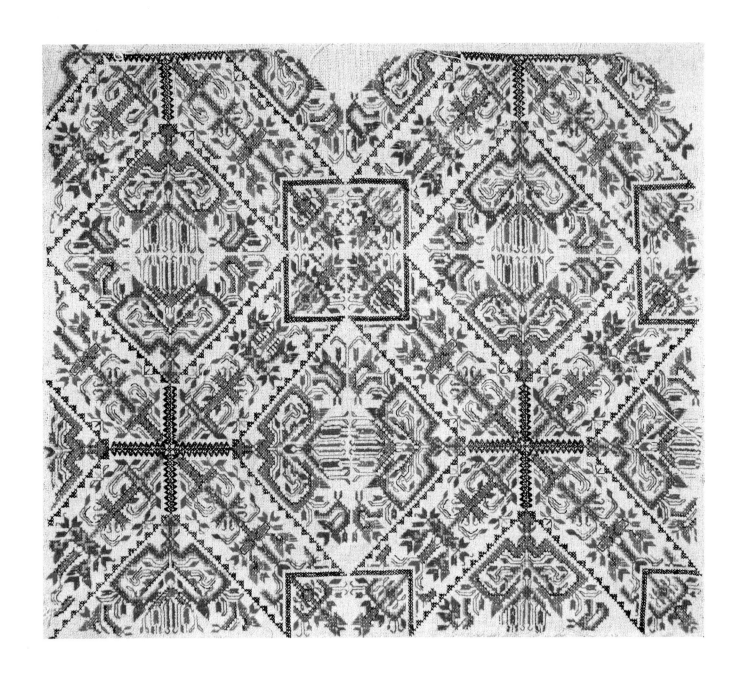

묘족도화(苗族挑花) 조각[拼片]
주제문양: 기하형(幾何形) 잔꽃무늬[碎花]

귀양(貴陽) 화계(花溪)

묘족도화(苗族挑花) 조각[拼片]
주제문양: 팔각(八角)

귀양(貴陽) 화계(花溪)

묘족도화(苗族挑花) 조각[拼片]
주제문양: 잔꽃무늬[碎花], 어골(魚骨)

귀양(貴陽) 화계(花溪)

묘족도화(苗族挑花) 조각[拼片]
주제문양: 팔각(八角)

귀양(貴陽) 화계(花溪)

묘족도화(苗族挑花) 의복(衣服)(부분)
주제문양: 팔각(八角)

귀양(貴陽) 화계(花溪)

묘족도화(苗族挑花) 조각[拼片]
주제문양: 기하형(幾何形)

귀양(貴陽) 화계(花溪)

묘족도화(苗族挑花) 조각[拼片]
주제문양: 부평초[浮萍]

귀양(貴陽) 화계(花溪)

묘족도화(苗族挑花) 조각[拼片]
주제문양: 팔각(八角), 어골(魚骨)

귀양(貴陽) 화계(花溪)

묘족도화(苗族挑花) 조각[拼片]
주제문양: 돼지발[猪蹄叉]

귀양(貴陽) 화계(花溪)

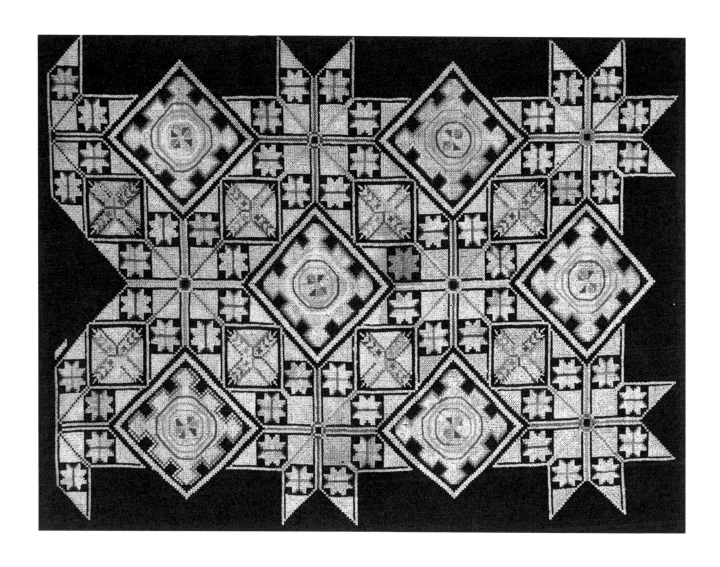

묘족도화(苗族挑花) 조각[拼片]
주제문양: 팔각(八角)

귀양(貴陽) 화계(花溪)

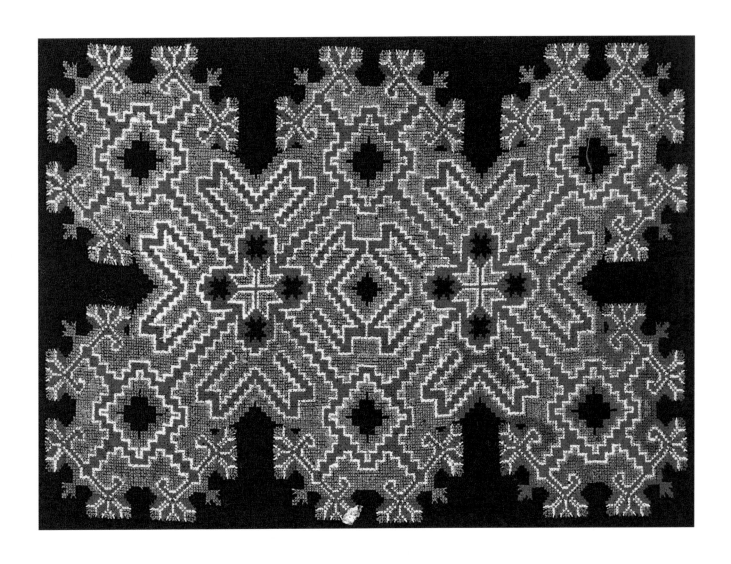

묘족도화(苗族挑花) 조각[拼片]
주제문양: 어골(魚骨)

귀양(貴陽) 화계(花溪)

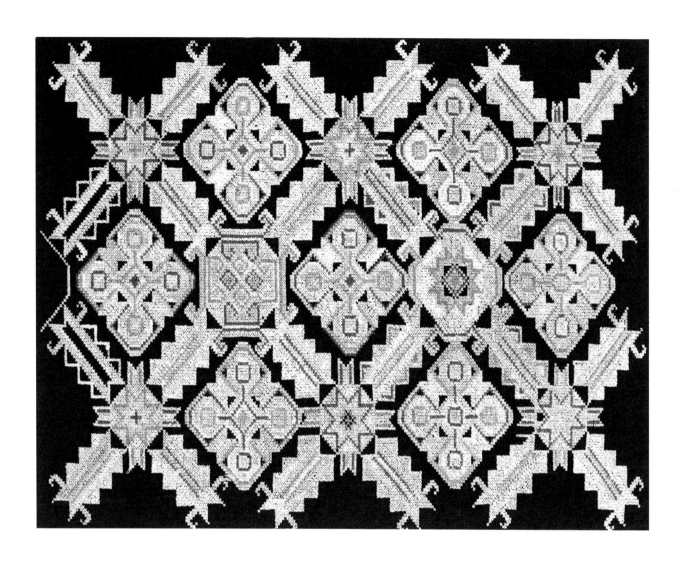

묘족도화(苗族挑花) 조각[拼片]
주제문양: 팔각(八角), 어골(魚骨)

귀양(貴陽) 화계(花溪)

묘족도화(苗族挑花) 조각[拼片]
주제문양: 어골(魚骨)

귀양(貴陽) 화계(花溪)

묘족도화(苗族挑花) 배선단[背扇脚]
주제문양: 팔각(八角), 독수리[老鷹]

귀양(貴陽) 화계(花溪)

묘족도화(苗族挑花) 조각[拼片]
주제문양: 오디새[陽雀]

귀양(貴陽) 화계(花溪)

묘족도화(苗族挑花) 조각[拼片]
주제문양: 팔각(八角)

귀양(貴陽) 화계(花溪)

묘족도화(苗族挑花) 조각[拼片]
주제문양: 팔각(八角)

귀양(貴陽) 화계(花溪)

묘족도화(苗族挑花) 조각[拼片]
주제문양: 닭의 볏[雞冠], 고사리[蕨], 팔각(八角)

귀양(貴陽) 화계(花溪)

묘족도화(苗族挑花) 조각[拼片]
주제문양: 팔각(八角) 꽃봉오리[花蕾]

귀양(貴陽) 화계(花溪)

묘족도화(苗族挑花) 조각[拼片](우측)
주제문양: 해바라기(朝陽花), 어골(魚骨)

귀양(貴陽) 화계(花溪)

묘족도화(苗族挑花) 조각[拼片]
주제문양: 팔각(八角)

귀양(貴陽) 화계(花溪)

묘족도화(苗族挑花) 조각[拼片]
주제문양: 팔각(八角), 어골(魚骨)

귀양(貴陽) 화계(花溪)

묘족도화(苗族挑花) 조각[拼片]
주제문양: 팔각(八角), 기하형(幾何形)

귀양(貴陽) 화계(花溪)

묘족도화(苗族挑花) 배선단[背扇脚]
주제문양: 팔각(八角)

귀양(貴陽) 화계(花溪)

묘족도화(苗族挑花) 조각[拼片]
주제문양: 고사리[蕨]

귀양(貴陽) 화계(花溪)

묘족도화(苗族挑花) 조각[拼片]
주제문양: 어골(魚骨)

귀양(貴陽) 화계(花溪)

묘족도화(苗族挑花) 조각[拼片]
주제문양: 팔각(八角), 국화(菊花)

귀양(貴陽) 화계(花溪)

묘족도화(苗族挑花) 조각[拼片]
주제문양: 초롱꽃[吊灯花], 국화(菊花)

귀양(貴陽) 화계(花溪)

묘족도화(苗族挑花) 배선단[背扇脚]
주제문양: 기하형(幾何形)

귀양(貴陽) 화계(花溪)

묘족도화(苗族挑花) 배선단[背扇脚]
주제문양: 팔각(八角), 새[鳥]

귀양(貴陽) 화계(花溪)

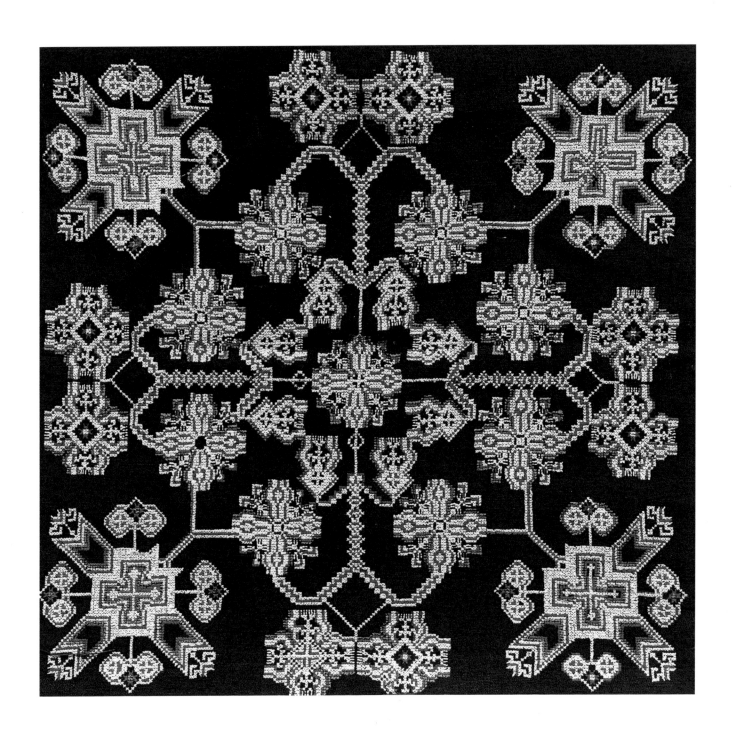

묘족도화(苗族挑花) 조각[拼片]
주제문양: 팔각(八角), 등(燈)

귀양(貴陽) 화계(花溪)

묘족도화(苗族挑花) 조각[拼片][마질(麻質)]
주제문양: 접연화(蝶戀花)

귀양(貴陽) 화계(花溪)

묘족도화(苗族挑花) 의배(衣背)
주제문양: 등(燈), 어골(魚骨)
밑단문양: 새[鳥], 나비[蝴蝶]

귀양(貴陽) 화계(花溪)

묘족도화(苗族挑花) 의배(衣背)(부분)
주제문양: 팔각(八角), 고사리[蕨]

귀양(貴陽) 화계(花溪)

묘족도화(苗族挑花) 손목띠[手帶](좌측, 부분)
주제문양: 기하형(幾何形)

귀양(貴陽) 화계(花溪)

묘족도화(苗族挑花) 배선(背扇)
주제문양: 팔각(八角), 눈송이[雪花]

귀양(貴陽) 화계(花溪)

묘족도화(苗族挑花) 배선단[背扇脚](상, 구형)
주제문양: 어골(魚骨)

귀양(貴陽) 화계(花溪)

묘족도화(苗族挑花) 배선단[背扇脚](하, 구형)
주제문양: 나비[蝴蝶]

귀양(貴陽) 화계(花溪)

묘족도화(苗族挑花) 조각[拼片]
주제문양: 팔각(八角), 나비수염[蝶須]

귀양(貴陽) 화계(花溪)

묘족도화(苗族挑花) 두건(頭巾)
주제문양: 어골(魚骨), 팔각(八角)

귀양(貴陽) 오당(烏當)

묘족도화(苗族挑花) 옷장식[衣飾](좌측)
주제문양: 어골(魚骨), 팔각(八角)

귀양(貴陽) 오당(烏當)

묘족도화(苗族挑花) 배패(背牌)
주제문양: 어골(魚骨), 팔각(八角)

귀양(貴陽) 오당(烏當)

묘족도화(苗族挑花) 전족(纏足)용 띠[裏脚布]
주제문양: 어골(魚骨), 팔각(八角)

귀양(貴陽) 오당(烏當)

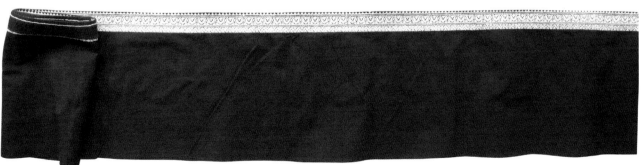

묘족도화(苗族挑花) 앞치마[圍腰]
주제문양: 팔각(八角), 어골(魚骨)

귀양(貴陽) 오당(烏當)

묘족도화(苗族挑花) 앞치마[圍腰]
주제문양: 팔각(八角)

귀양(貴陽) 오당(烏當)

묘족도화(苗族挑花) 배선단[背扇脚](구형)
주제문양: 생선가시[魚刺], 나비[蝴蝶]

귀양(貴陽) 오당(烏當)

묘족도화(苗族挑花) 배선단[背扇脚]
주제문양: 은모화(銀帽花)

귀양(貴陽) 오당(烏當)

묘족도화(苗族挑花) 의배(衣背)
주제문양: 사판화(四瓣花),
팔각(八角), 기하형(幾何形)

귀양(貴陽) 오당(烏當)

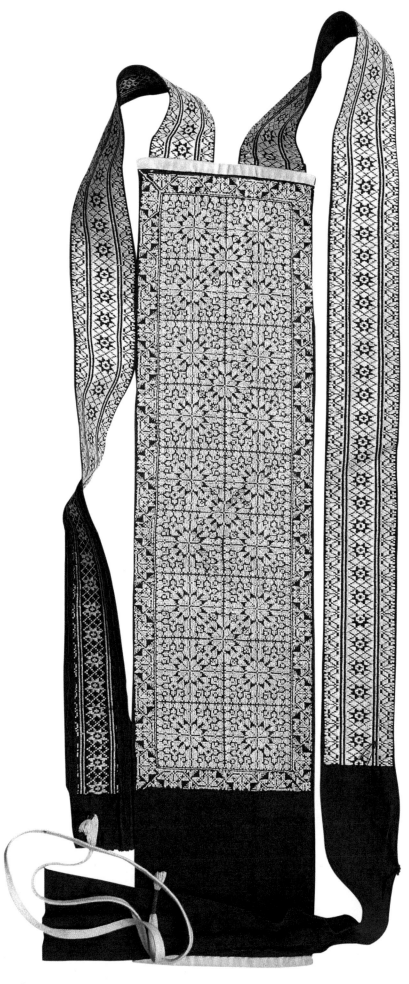

묘족도화(苗族挑花) 배패(背牌)
주제문양: 눈송이[雪花]

귀양(貴陽) 오당(烏當)

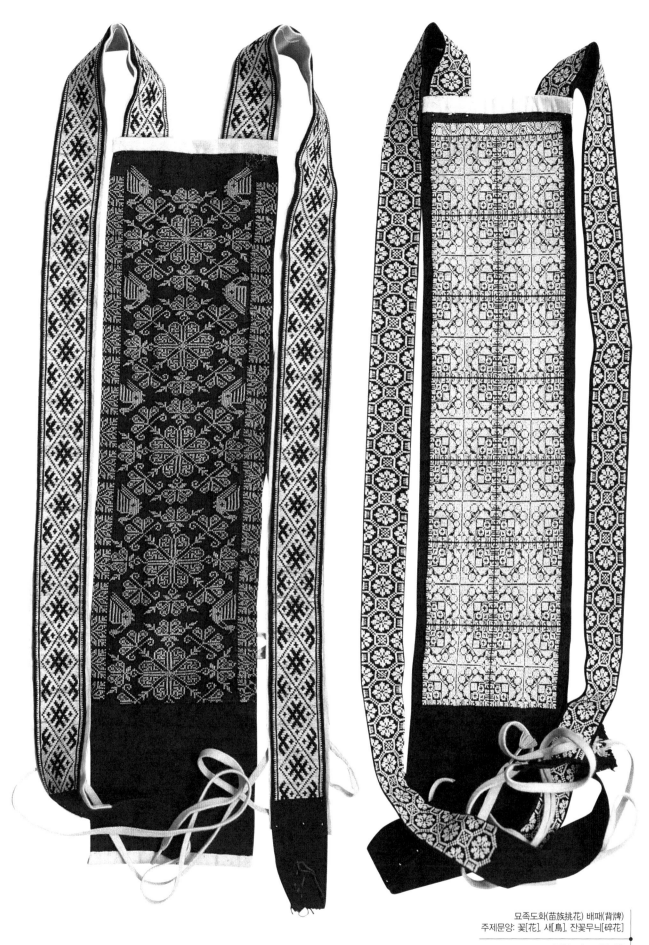

묘족도화(苗族挑花) 배패(背牌)
주제문양: 꽃[花], 새[鳥], 잔꽃무늬[碎花]

귀양(貴陽) 오당(烏當)

묘족도화(苗族挑花) 턱받이[口水兜]
주제문양: 자물쇠[鎖], 팔각(八角)

귀양(貴陽) 오당(烏當)

묘족도화(苗族挑花) 배선(背扇)
주제문양: 은모화(銀帽花)

귀양(貴陽) 오당(烏當)

묘족도화(苗族挑花) 배선단[背扇脚]
주제문양: 은모화(銀帽花)

귀양(貴陽) 오당(烏當)

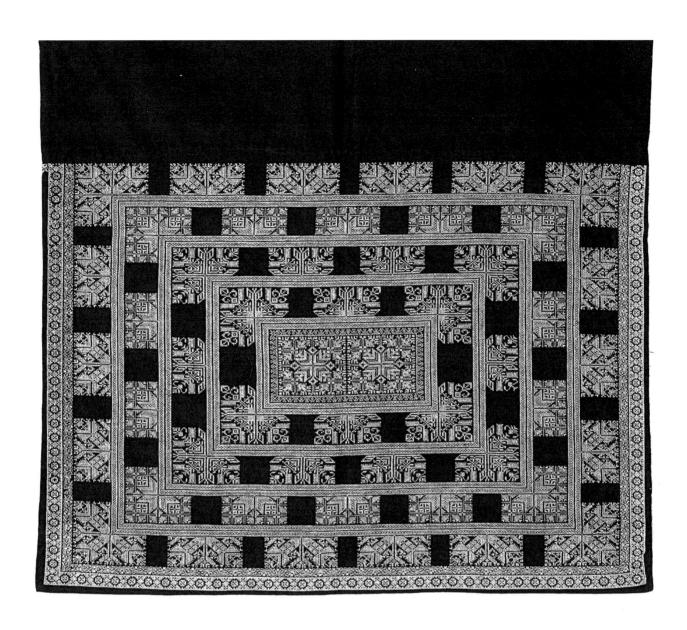

묘족도화(苗族挑花) 배선단[背扇脚]
주제문양: 은모화(銀帽花)

귀양(貴陽) 오당(烏當)

묘족도화(苗族挑花) 표대식(飄帶式) 배선(背扇)(좌측)
주제문양: 접연화(蝶戀花)

귀양(貴陽) 오당(烏當)

묘족도화(苗族挑花) 배선(背扇)
주제문양: 은모화(銀帽花)

귀양(貴陽) 오당(烏當)

묘족도화(苗族挑花) 조각[拼片]
주제문양: 어골(魚骨), 등(燈)

귀양(貴陽) 오당(烏當)

묘족도화(苗族挑花) 조각[拼片]
주제문양: 어골(魚骨), 등(燈)

귀양(貴陽) 오당(烏當)

묘족도화(苗族挑花) 배선(背扇)
주제문양: 은모화(銀帽花)

귀양(貴陽) 오당(烏當)

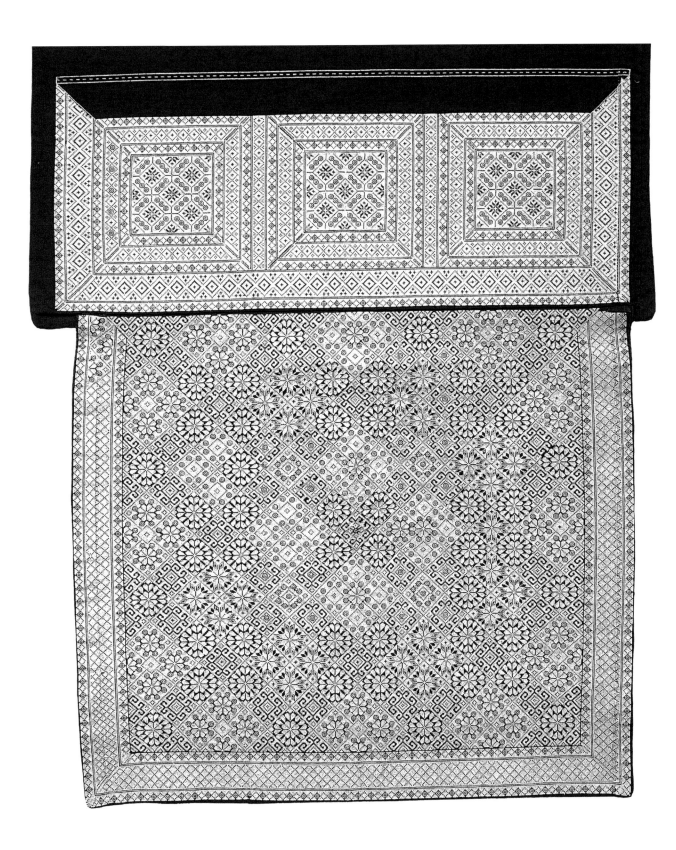

묘족도화(苗族挑花) 배선(背扇)
주제문양: 기하형(幾何形) 잔꽃무늬[碎花]

귀양(貴陽) 오당(烏當)

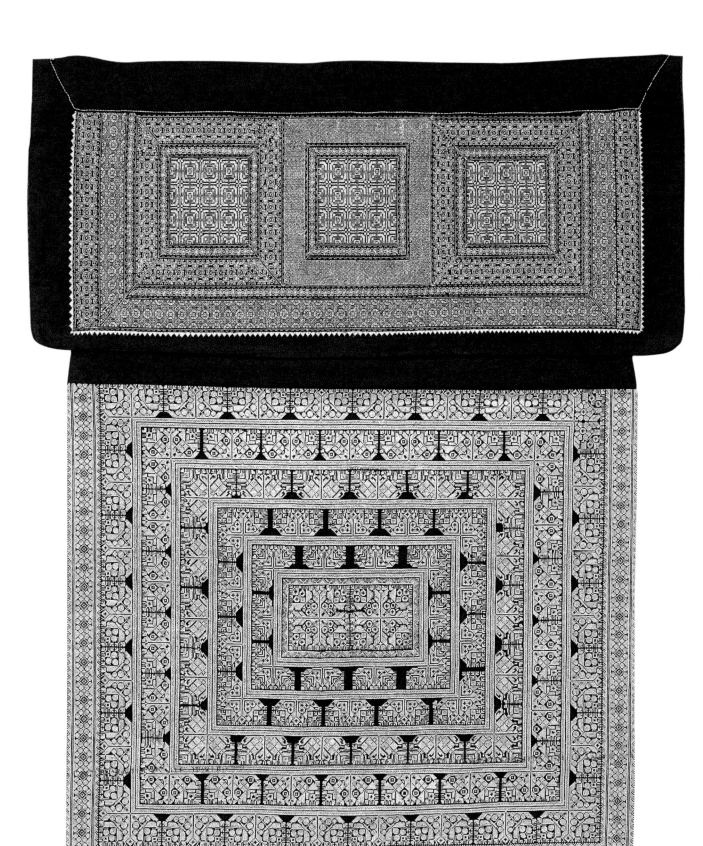

묘족도화(苗族挑花) 배선(背扇)
주제문양: 은모화(銀帽花)

귀양(貴陽) 오당(烏當)

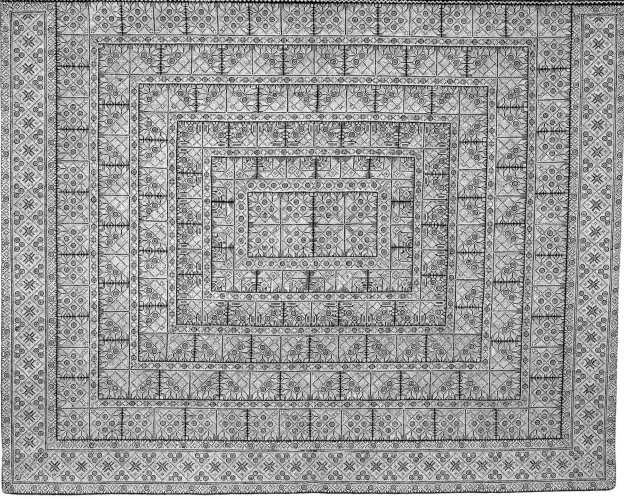

묘족도화(苗族挑花) 배선(背扇)
주제문양: 은모화(銀帽花)

귀양(貴陽) 오당(烏當)

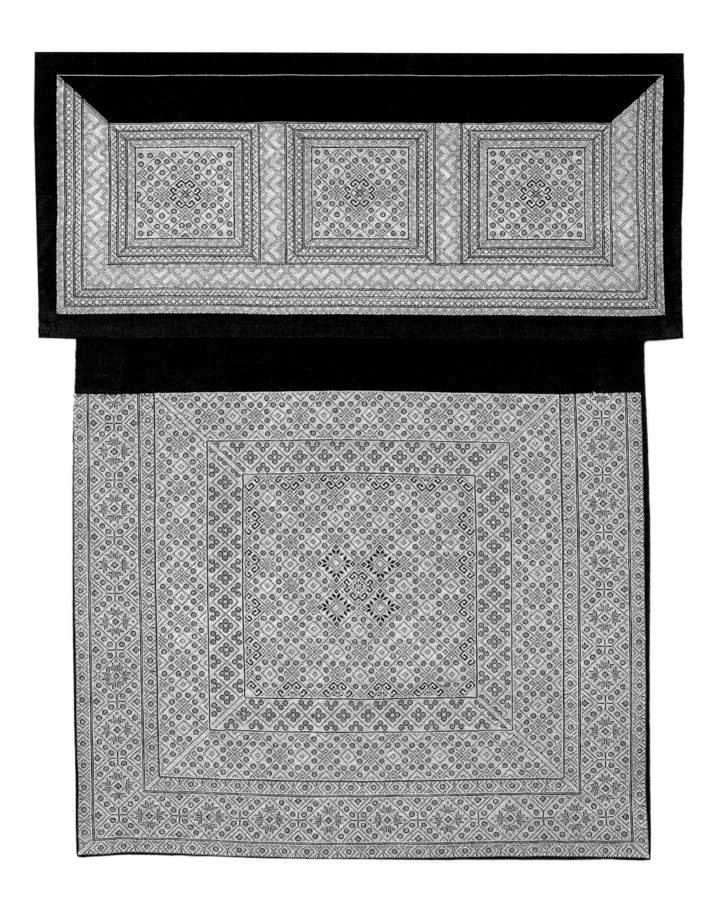

묘족도화(苗族挑花) 배선(背扇)
주제문양: 기하형(幾何形) 잔꽃무늬[碎花]

귀양(貴陽) 오당(烏當)

묘족도화(苗族挑花) 배패(背牌)
주제문양: 기하형(幾何形)

검남(黔南) 용리(龍里)

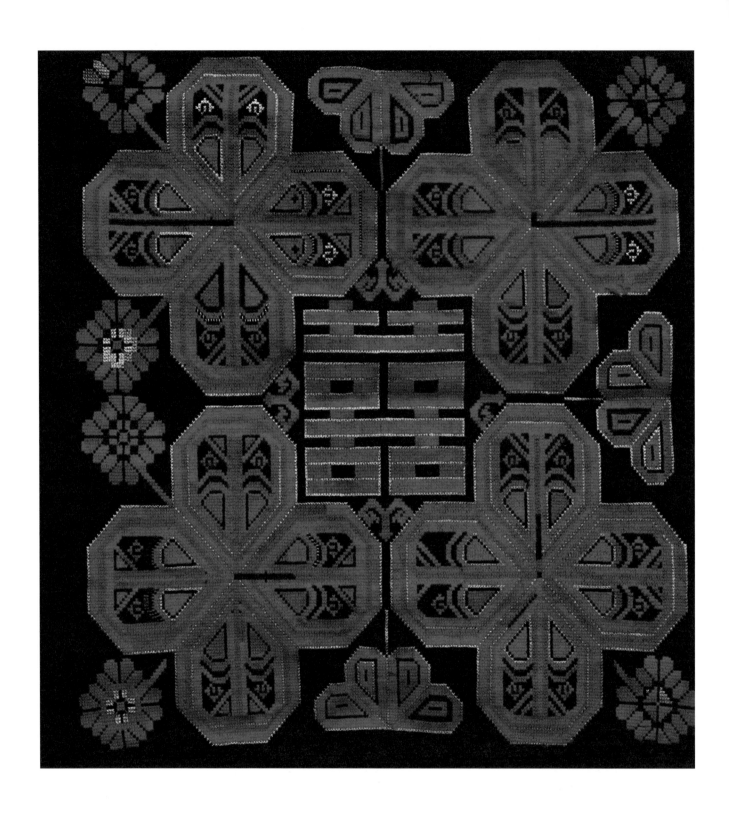

묘족도화(苗族挑花) 손수건[手帕]
주제문양: '희'자(囍字), 사엽화(四葉花)

검남(黔南) 용리(龍里)

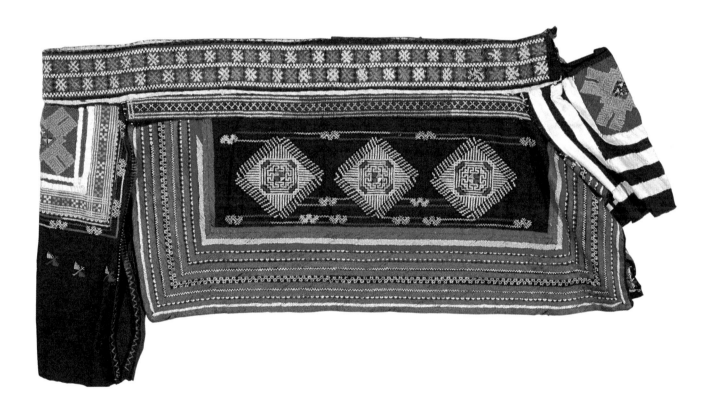

묘족도화(苗族挑花) 감견(坎肩)(상하)
주제문양: 기하형(幾何形) 잔꽃무늬[碎花]

검남(黔南) 용리(龍里)

• 157 •

묘족도화(苗族挑花) 손수건[手帕]
주제문양: 국화(菊花)

검남(黔南) 용리(龍里)

묘족도화(苗族挑花) 배선심(背扇心)(상중하)
주제문양: 기하형(幾何形), 호박[南瓜], 돼지발[猪蹄叉], 부평초[浮萍]

검남(黔南) 용리(龍里)

묘족도화(苗族挑花) 배선심(背扇心)
주제문양: 팔각(八角), 부평초[浮萍]

검남(黔南) 용리(龍里)

묘족도화(苗族挑花) 배선심(背扇心)(상중하)
주제문양: 팔각(八角), 등(燈), 기하형(幾何形) 잔꽃무늬[碎花]

검남(黔南) 용리(龍里)

묘족도화(苗族挑花) 배선심(背扇心)(상중하)
주제문양: 팔각(八角), 등(燈), 국화(菊花)

검남(黔南) 용리(龍里)

묘족도화(苗族挑花) 앞치마[圍腰]
주제문양: 나비[蝴蝶]

안순(安順)

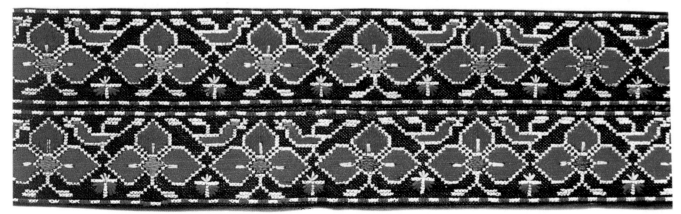

묘족도화(苗族挑花) 옷소매[衣袖](상중)
주제문양: 나비[蝴蝶]

안순(安順)

묘족도화(苗族挑花) 모자끈[帽帶](하)
주제문양: 복숭아[桃子]

안순(安順)

묘족도화(苗族挑花) 옷소매[衣袖](상)
주제문양: 기하형(幾何形)

안순(安順)

묘족도화(苗族挑花) 앞치마[圍腰](하)
주제문양: 나비[蝴蝶], 복숭아[桃子]

안순(安順)

묘족도화(苗族挑花) 모자끈[帽帶](상하)
주제문양: 기하형(幾何形)

안순(安順)

묘족도화(苗族挑花) 모자끈[帽帶]
주제문양: 기하형(幾何形) 잔꽃무늬[碎花], 복숭아[桃子]

안순(安順)

묘족도화(苗族挑花) 허리띠[腰帶]
주제문양: 기하형(幾何形) 잔꽃무늬[碎花]

안순(安順)

묘족도화(苗族挑花) 모자끈[帽帶]
주제문양: 기하형(幾何形) 잔꽃무늬[碎花]

안순(安順)

묘족도화(苗族挑花) 모자끈[帽帶]
주제문양: 팔각(八角), 나비[蝴蝶]

안순(安順)

묘족도화(苗族挑花) 모자끈[帽帶]
주제문양: 기하형(幾何形) 잔꽃무늬[碎花]

안순(安順)

묘족도화(苗族挑花) 앞치마[圍腰]
주제문양: 기하형(幾何形) 잔꽃무늬[碎花]

안순(安順)

묘족도화(苗族挑花) 족자[條幅]
주제문양: 나비[蝴蝶]

안순(安順)

묘족도화(苗族挑花) 의령배(衣領背)
주제문양: 항아리 밑굽[缸底]

안순(安順)

묘족도화(苗族挑花) 의령배(衣領背)
주제문양: 항아리 밑굽[缸底]

안순(安順)

묘족도화(苗族挑花) 앞치마[圍腰]
주제문양: 기하형(幾何形) 잔꽃무늬[碎花]

안순(安順)

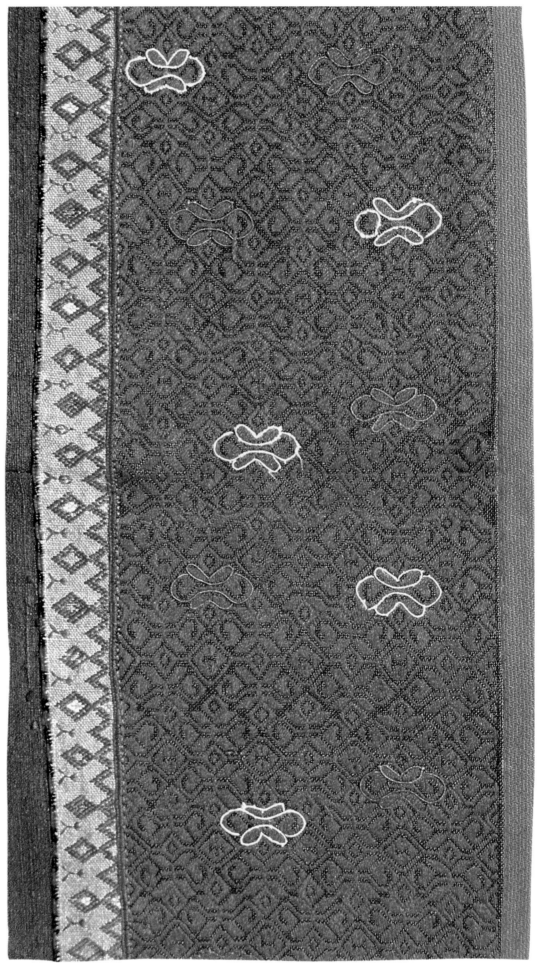

묘족도화(苗族挑花) 앞치마[圍腰]
주제문양: 기하형(幾何形)
잔꽃무늬[碎花]

안순(安順)

묘족도화(苗族挑花) 의령배(衣領背)
주제문양: '충'자(忠字), 꽃[花]

안순(安順)

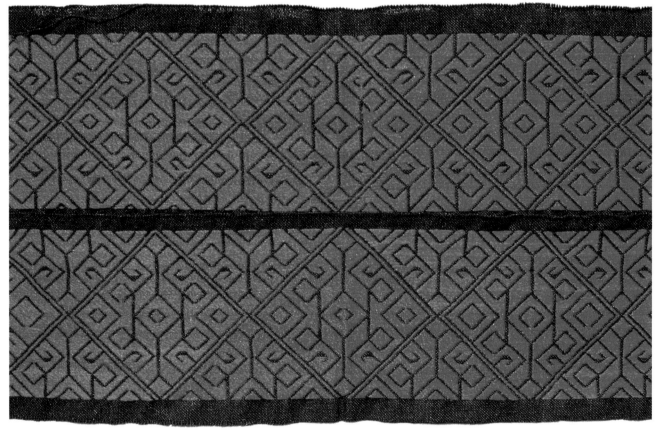

묘족도화(苗族挑花) 옷소매[衣袖](상하)
주제문양: 나비[蝴蝶]

안순(安順)

묘족도화(苗族挑花) 옷 뒷자락[衣服後擺](좌측)
주제문양: 나비수염[蝶須], 기하형(幾何形) 잔꽃무늬[碎花]

안순(安順)

묘족도화(苗族挑花) 앞치마[圍腰]
주제문양: 나비[蝴蝶]

안순(安順)

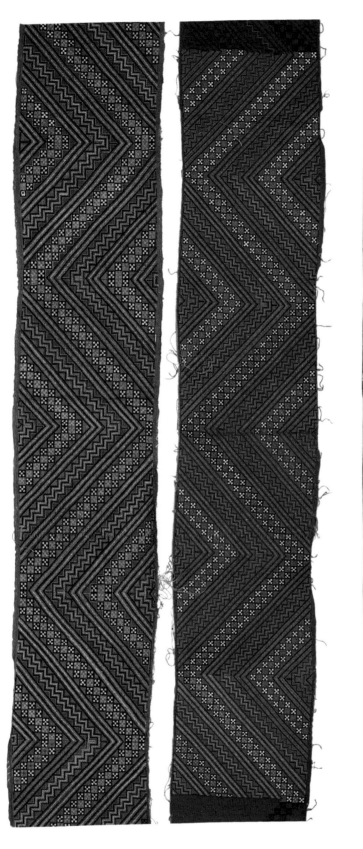

묘족도화(苗族挑花) 조각[拼片] 치마끈[裙帶]
주제문양: 기하형(幾何形)

● 안순(安順)

묘족도화(苗族挑花) 모자끈[帽帶]
주제문양: 복숭아[桃子], 나비[蝴蝶]

● 안순(安順)

묘족도화(苗族挑花) 배선(背扇)
주제문양: 팔각(八角), 나비[蝴蝶]

안순(安順)

묘족도화(苗族挑花) 배선(背扇)(상하)
주제문양: 팔각(八角), 나비[蝴蝶]

안순(安順)

묘족도화(苗族挑花) 배선(상중하)
주제문양: 물고기[魚], 새[鳥], 석류(石榴), 나비[蝴蝶]

안순(安順)

귀주성(貴州省) 거부(西部)

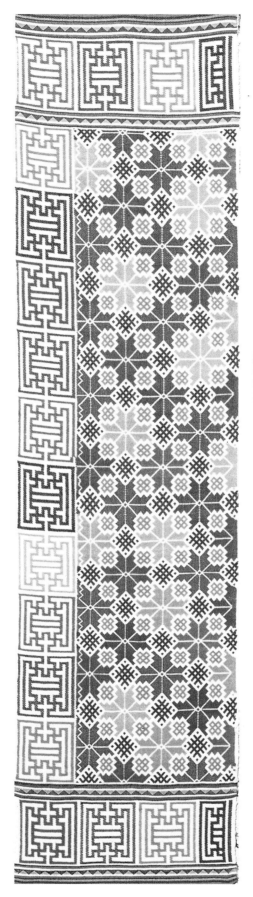

포의족도화(布依族挑花) 배선심(背扇心)(좌측)
주제문양: 팔각(八角)

육반수(六盤水) 육지(六枝)

포의족도화(布依族挑花) 베갯잇[枕巾]
주제문양: 팔각(八角), 나비[蝴蝶], 춤추는 사람[跳舞的人]

육반수(六盤水) 육지(六枝)

묘족도화(苗族挑花) 배탑(背搭)
주제문양: 고사리[蕨]

육반수(六盤水) 육지(六枝)

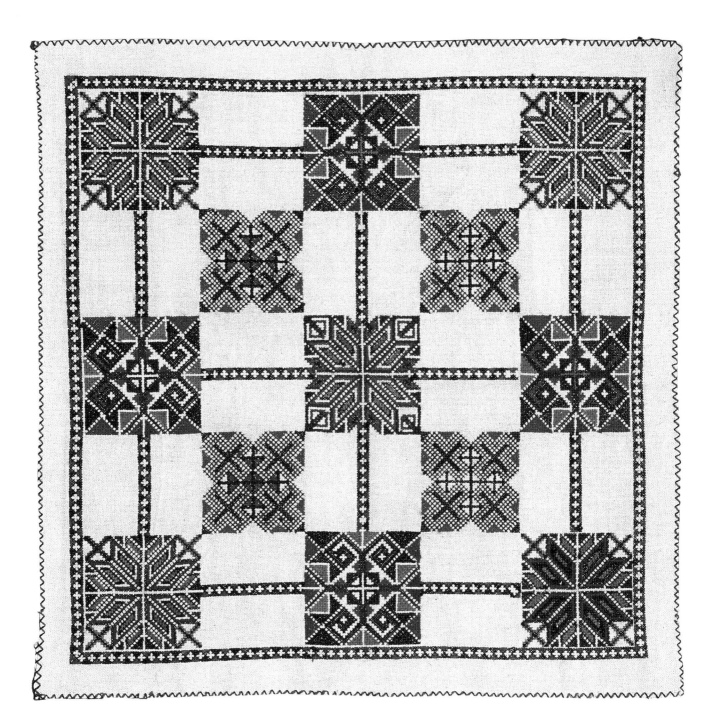

묘족도화(苗族挑花) 배탑(背搭)
주제문양: 기하형(幾何形)

육반수(六盤水) 육지(六枝)

묘족도화(苗族挑花) 배탑(背搭)
주제문양: 고사리[蕨], 팔각(八角)

육반수(六盤水) 육지(六枝)

묘족도화(苗族挑花) 배탑(背搭)
주제문양: 고사리[蕨]

육반수(六盤水) 육지(六枝)

묘족도화(苗族挑花) 배탑(背搭)
주제문양: 고사리[蕨]

육반수(六盤水) 육지(六枝)

묘족도화(苗族挑花) 배탑(背搭)
주제문양: 고사리[蕨]

육반수(六盤水) 육지(六枝)

묘족도화(苗族挑花) 배탑(背搭)
주제문양: 고사리[蕨]

육반수(六盤水) 육지(六枝)

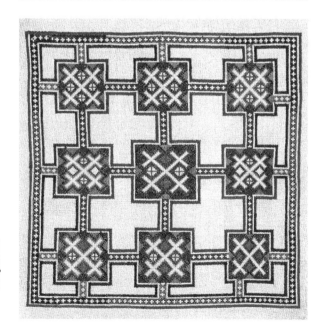

묘족도화(苗族挑花) 배탑(背搭)
주제문양: 고사리[蕨]

육반수(六盤水) 육지(六枝)

육반수(六盤水) 육지(六枝)

묘족도화(苗族挑花) 의배(衣背)
주제문양: 고사리[蕨]

육반수(六盤水) 육지(六枝)

묘족도화(苗族挑花) 의배(衣背)
주제문양: 나비[蝴蝶]

육반수(六盤水) 육지(六枝)

묘족도화(苗族挑花) 의배(衣背)
주제문양: 팔판화(八瓣花)

육반수(六盤水) 육지(六枝)

묘족도화(苗族挑花) 의배(衣背)
주제문양: 옛 화폐[古錢]

육반수(六盤水) 육지(六枝)

장각묘족도화(長角苗族挑花) 의배(衣背)
주제문양: 기하형(幾何形) 고사리[蕨]

육반수(六盤水) 육지(六枝)

묘족도화(苗族挑花) 의배(衣背)
주제문양: 기하형(幾何形) 잔꽃무늬[碎花]

육반수(六盤水) 육지(六枝)

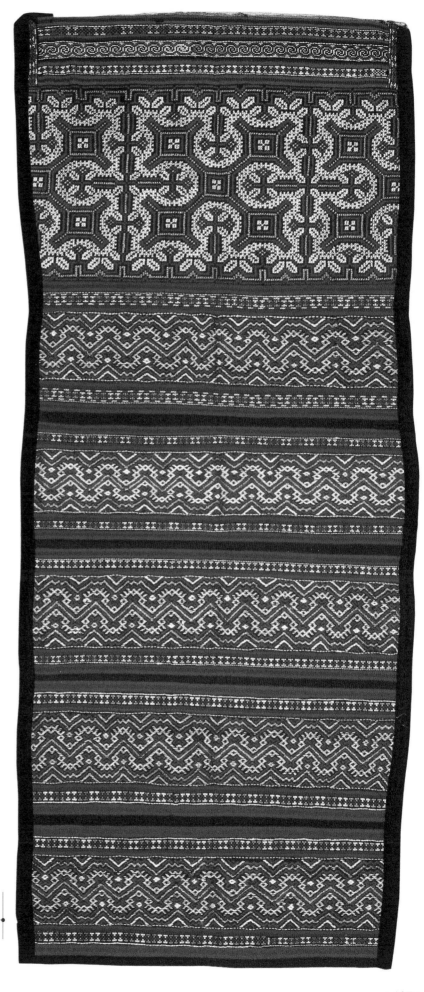

묘족도화(苗族挑花) 의배(衣背)
주제문양: 옛 화폐[古錢]

육반수(六盤水) 육지(六枝)

묘족도화(苗族挑花) 의배(衣背)
주제문양: 참깨[芝麻]

육반수(六盤水) 육지(六枝)

묘족도화(苗族挑花) 의배(衣背)
주제문양: 기하형(幾何形), 팔각(八角)

육반수(六盤水) 육지(六枝)

묘족도화(苗族挑花) 의배(衣背)
주제문양: 기하형(幾何形)

육반수(六盤水) 육지(六枝)

묘족도화(苗族挑花) 사각수건[方帕]
주제문양: 사판화(四瓣花)

육반수(六盤水) 육지(六枝)

묘족도화(苗族挑花) 남자 앞치마[男圍腰]
주제문양: 참깨[芝麻]

육반수(六盤水) 육지(六枝)

묘족도화(苗族挑花) 손가방[手提包]
주제문양: 기하형(幾何形)

육반수(六盤水) 육지(六枝)

묘족도화(苗族挑花) 의배(衣背)
주제문양: 고사리[蕨]

육반수(六盤水) 육지(六枝)

묘족도화(苗族挑花) 허리띠[腰帶]
주제문양: 기하형(幾何形)

육반수(六盤水) 육지(六枝)

묘족도화(苗族挑花) 허리띠[腰帶]
주제문양: 기하형(幾何形)

육반수(六盤水) 육지(六枝)

묘족도화(苗族挑花) 의배(衣背)(부분)
주제문양: 팔각(八角), 참깨줄기[芝麻管]

육반수(六盤水) 육지(六枝)

묘족도화(苗族挑花) 의배(衣背)(좌측, 부분)
주제문양: 참깨줄기[芝麻管], 팔각(八角)

육반수(六盤水) 육지(六枝)

묘족도화(苗族挑花) 의배(衣背)(부분)
주제문양: 기하형(幾何形)

육반수(六盤水) 육지(六枝)

묘족도화(苗族挑花) 의배(衣背)(부분)
주제문양: 참깨줄기[芝麻管], 팔각(八角)

육반수(六盤水) 육지(六枝)

묘족도화(苗族挑花) 의배(衣背)(우측, 부분)
주제문양: 기하형(幾何形)

육반수(六盤水) 육지(六枝)

· 210 ·

묘족도화(苗族挑花) 의배(衣背)(좌측, 부분)
주제문양: 기하형(幾何形)

육반수(六盤水) 육지(六枝)

묘족도화(苗族挑花) 의배(衣背)(부분)
주제문양: 기하형(幾何形)

육반수(六盤水) 육지(六枝)

포의족도화(布依族挑花) 배선(背扇)
주제문양: 팔각(八角), 나비[蝴蝶]

육반수(六盤水) 육지(六枝)

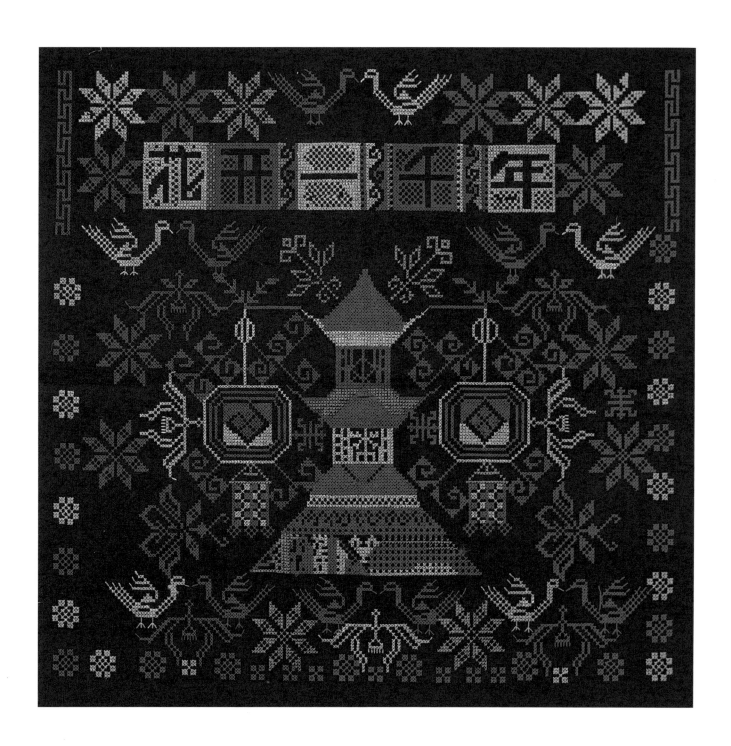

포의족도화(布依族挑花) 배선심(背扇心)
주제문양: 쌍조도(雙鳥圖)

육반수(六盤水) 육지(六枝)

포의족도화(布依族挑花) 앞치마[圍腰](우측)
주제문양: 팔각(八角), 나비[蝴蝶]

육반수(六盤水) 육지(六枝)

포의족도화(布依族挑花) 배선심(背扇心)
주제문양: 팔각(八角), 나비[蝴蝶]

육반수(六盤水) 육지(六枝)

포의족도화(布依族挑花) 배선심(背扇心)(상하)
주제문양: 꽃[花], 새[鳥], 팔각(八角)

육반수(六盤水) 육지(六枝)

포의족도화(布依族挑花) 배선심(背扇心)
주제문양: 팔각(八角), 나비[蝴蝶]

육반수(六盤水) 육지(六枝)

포의족도화(布依族挑花) 배선심(背扇心)
주제문양: 꽃[花], 새[鳥], 팔각(八角)

육반수(六盤水) 육지(六枝)

묘족도화(苗族挑花) 의복(뒷면)
주제문양: 기하형(幾何形)

육반수(六盤水) 육지(六枝)

묘족도화(苗族挑花) 배선(背扇)
주제문양: 기하형(幾何形)

필절(畢節)

묘족도화(苗族挑花) 배선(背扇)(부분)
주제문양: 팔각(八角), 기하형(幾何形)

필절(畢節)

회족도화(回族挑花) 베갯잇[枕巾](좌측, 부분)
주제문양: 나비[蝴蝶], 사자[獅子], 꽃[花], 새[鳥], 사람[人]

필절(畢節) 위녕(威寧)

회족도화(回族挑花) 배두렁이[胸圍](상하)
주제문양: 물고기 한 쌍[雙魚], 꽃[花], 나비[蝴蝶], 사자[獅子]

필절(畢節) 위녕(威寧)

회족도화(回族挑花) 베갯잇[枕巾]
주제문양: 꽃[花], 새[鳥], 사람[人]

필절(畢節) 위녕(威寧)

회족도화(回族挑花) 베갯잇[枕巾](부분)
주제문양: 꽃[花], 새[鳥], 사람[人]

필절(畢節) 위녕(威寧)

회족도화(回族挑花) 베갯잇[枕巾](부분)
주제문양: 접연화(蝶戀花), 팔각(八角)

필절(畢節) 위닝(威寧)

회족도화(回族挑花) 뒤허리띠[後腰帶]
주제문양: 팔각(八角)

필절(畢節) 위녕(威寧)

회족도화(回族挑花) 베갯잇[枕巾](좌측, 부분)
주제문양: 꽃[花], 새[鳥], 나비[蝴蝶]

필절(畢節) 위녕(威寧)

회족도화(回族挑花) 베갯잇[枕巾]
주제문양: 꽃[花], 새[鳥], 나비[蝴蝶]

필절(畢節) 위녕(威寧)

회족도화(回族挑花) 큰 사각수건[大方巾](좌측, 부분)
주제문양: 사슴[鹿]

필절(畢節) 위녕(威寧)

회족도화(回族挑花) 큰 사각수건[大方巾]
주제문양: 꽃[花], 새[鳥], 사슴[鹿], 석류(石榴)

필절(畢節) 위녕(威寧)

회족도화(回族挑花) 책가방[書包]
주제문양: 팔각(八角), 가마 멘 사람[人抬轎]

필절(畢節) 위녕(威寧)

회족도화(回族挑花) 책가방[書包]
주제문양: 석류(石榴), 팔각(八角)

필절(畢節) 위녕(威寧)

회족도화(回族挑花) 책가방[書包]
주제문양: 꽃[花], 새[鳥]

필절(畢節) 위녕(威寧)

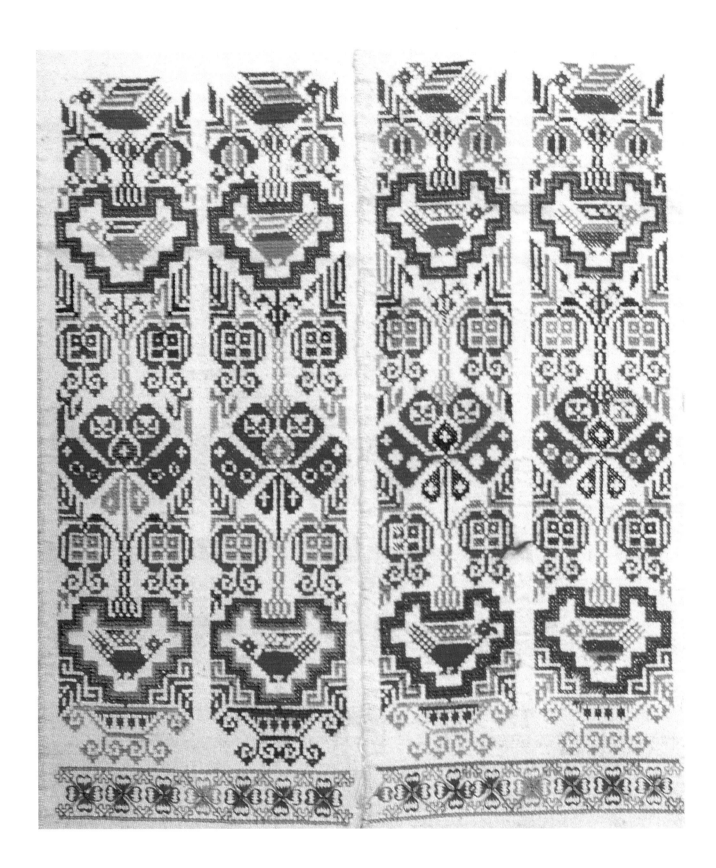

회족도화(回族挑花) 허리띠[腰帶]
주제문양: 꽃[花], 새[鳥]

필절(畢節) 위닝(威寧)

묘족도화(苗族挑花) 배선(背扇)
주제문양: 팔각(八角), 기하형(幾何形)

필절(畢節) 직금(織金)

묘족도화(苗族挑花) 배선(背扇)
주제문양: 팔각(八角), 기하형(幾何形)

필절(畢節) 직금(織金)

묘족도화(苗族挑花) 배선심(背扇心)
주제문양: 고사리[蕨]

필절(畢節) 검서(黔西)

묘족도화(苗族挑花) 배선(背扇)
주제문양: 고사리[蕨], 기하형(幾何形)

필절(畢節) 검서(黔西)

묘족도화(苗族挑花) 배선(背扇)
주제문양: 기하형(幾何形) 잔꽃무늬[碎花]

묘족도화(苗族挑花) 배선(背扇)(우측)
주제문양: 기하형(幾何形) 잔꽃무늬[碎花]

안순(安順) 관령(關嶺)

안순(安順) 관령(關嶺)

묘족도화(苗族挑花) 배선(背扇)
주제문양: 기하형(幾何形) 잔꽃무늬[碎花]

안순(安順) 관령(關嶺)

묘족도화(苗族挑花) 배선(背扇) 머리씌우개[蓋頭帕]
주제문양: 꽃[花], 새[鳥]

검서남(黔西南) 정풍(貞豊)

묘족도화(苗族挑花) 의배(衣背)(부분)
주제문양: 기하형(幾何形) 잔꽃무늬[碎花]

검서남(黔西南) 징룽(貞豊)

묘족도화(苗族挑花) 두건(頭巾)
주제문양: 잔꽃무늬[碎花]

검서남(黔西南) 정풍(貞豊)

묘족도화(苗族挑花) 배선(背扇)
주제문양: 꽃[花], 새[鳥], 기하형(幾何形)

검서남(黔西南) 정풍(貞豊)

묘족도화(苗族挑花) 3단[三層] 배선(背扇)(좌측)
주제문양: 꽃[花], 새[鳥]

검서남(黔西南) 정풍(貞豊)

묘족도화(苗族挑花) 배선(背扇) 머리씌우개[蓋頭帕]
주제문양: 꽃[花], 새[鳥]

검서남(黔西南) 정풍(貞豊)

묘족도화(苗族挑花) 배선(背扇) 머리씌우개[蓋頭帕]
주제문양: 사자(獅子), 나비[蝴蝶], 꽃[花], 새[鳥]

검서남(黔西南) 정풍(貞豊)

묘족도화(苗族挑花) 배선(背扇) 머리씌우개[蓋頭帕]
주제문양: 사자(獅子), 나비[蝴蝶], 꽃[花], 새[鳥]

검서남(黔西南) 정풍(貞豊)

• 253 •

묘족도화(苗族挑花) 배선(背扇) 머리씌우개[蓋頭帕]
주제문양: 꽃[花], 새[鳥], 나비[蝴蝶]

검서남(黔西南) 정풍(貞豊)

묘족도화(苗族挑花) 배선(背扇) 머리씌우개[蓋頭帕]
주제문양: 꽃[花], 새[鳥], 짐승[獸]

검서남(黔西南) 정풍(貞豊)

묘족도화(苗族挑花) 배선(背扇) 머리씌우개[蓋頭帕]
주제문양: 꽃[花], 새[鳥], 짐승[獸]

검서남(黔西南) 정풍(貞豐)

묘족도화(苗族挑花) 배선(背扇) 머리씌우개[蓋頭帕]
주제문양: 꽃[花], 새[鳥], 나비[蝴蝶]

검서남(黔西南) 정풍(貞豊)

묘족도화(苗族挑花) 배선(背扇) 머리씌우개[蓋頭帕]
주제문양: 꽃[花], 새[鳥]

검서남(黔西南) 정풍(貞豊)

묘족도화(苗族挑花) 앞치마[圍腰]
주제문양: 꽃[花], 새[鳥]

검서남(黔西南) 정풍(貞豊)

귀주성(貴州省) 동부(東部)

묘족도화(苗族挑花) 옷소매[衣袖]
주제문양: 자리(刺梨), 기하형(幾何形)

검동남(黔東南) 황평(黃平)

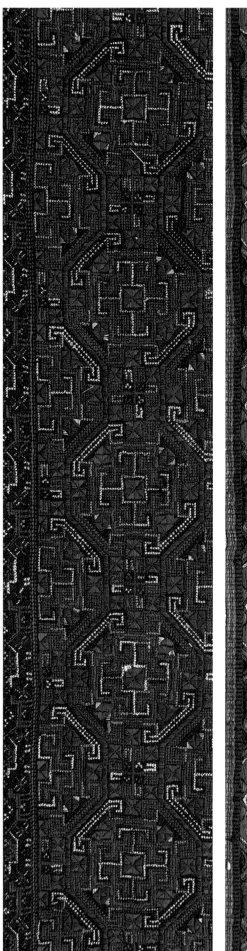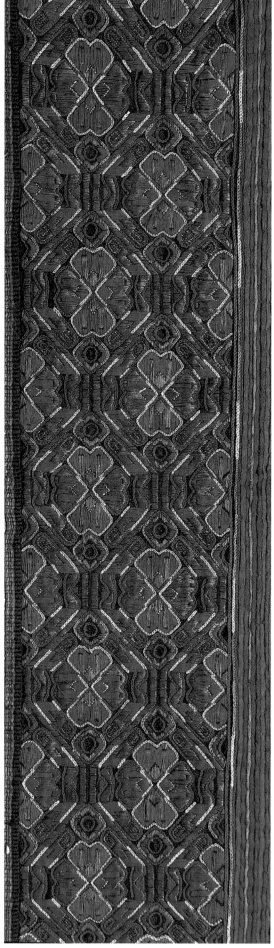

묘족도화(苗族挑花) 네모조각[方片](좌측)
주제문양: 자리(刺梨)

검동남(黔東南) 황평(黃平)

혁가도화(僅家挑花) 배선(背扇)
주제문양: 자리(刺梨)

검동남(黔東南) 황평(黃平)

혁가도화(僳家挑花) 배선(背扇)
주제문양: 자리(刺梨), 하얀 꽃봉오리[白花蕾]

검동남(黔東南) 황평(黃平)

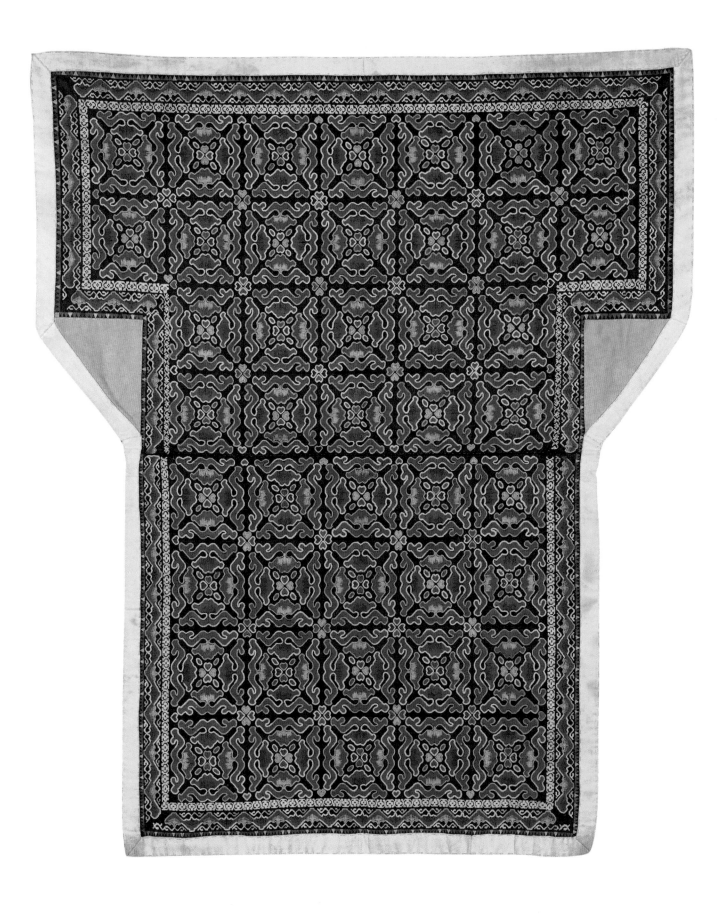

혁가도화(僙家挑花) 배선(背扇)
주제문양: 자리(刺梨)

검동남(黔東南) 황평(黃平)

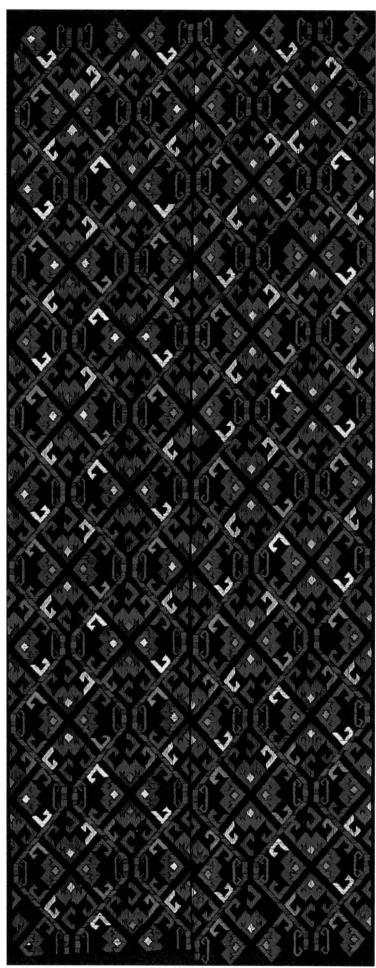

묘족도화(苗族挑花) 옷소매[衣袖]
주제문양: 자리(刺梨)

검동남(黔東南) 황평(黃平)

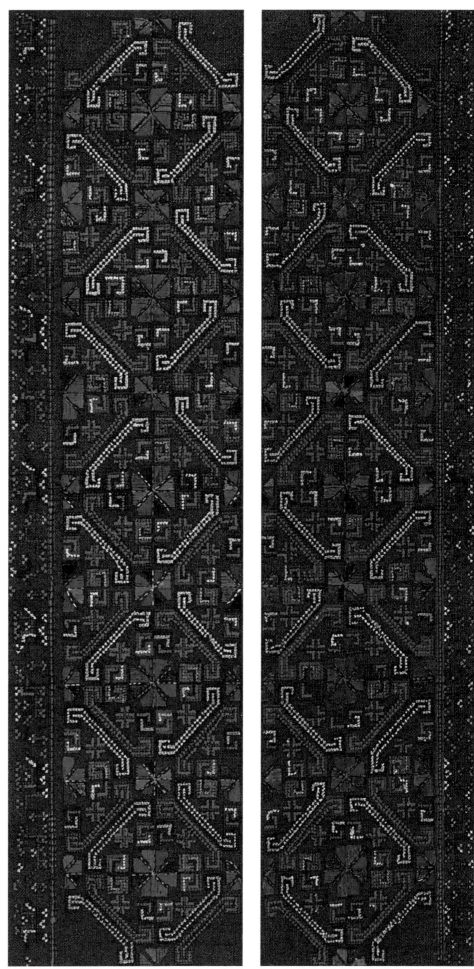

묘족도화(苗族挑花) 옷소매[衣袖]
주제문양: 기하형(幾何形)

검동남(黔東南) 황평(黃平)

묘족도화(苗族挑花) 옷소매[衣袖]
주제문양: 자리(刺梨)

검동남(黔東南) 황평(黃平)

묘족도화(苗族挑花) 옷소매[衣袖]
주제문양: 자리(刺梨)

검동남(黔東南) 황평(黃平)

묘족도화(苗族挑花) 옷소매[衣袖]
주제문양: 자리(刺梨)

검동남(黔東南) 황평(黃平)

묘족도화(苗族挑花) 옷소매[衣袖](우측)
주제문양: 자리(刺梨)

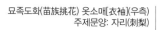

검동남(黔東南) 황평(黃平)

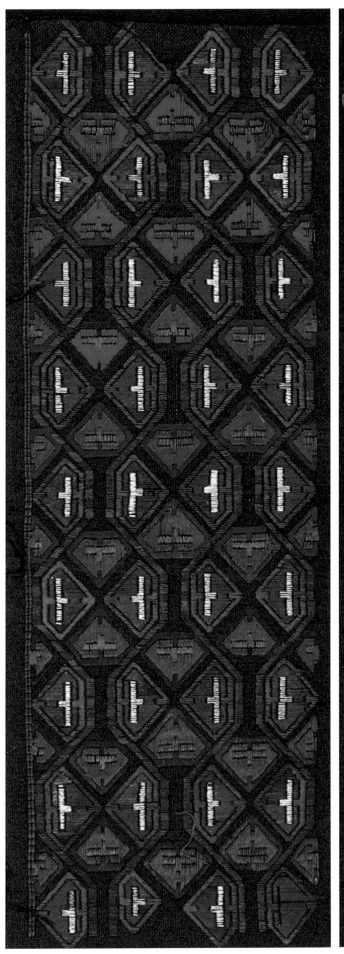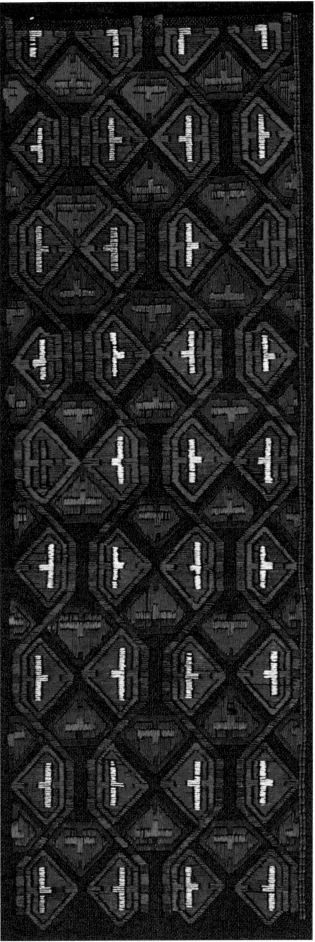

묘족도화(苗族挑花) 옷소매[衣袖]
주제문양: 자리(刺梨)

검동남(黔東南) 황평(黃平)

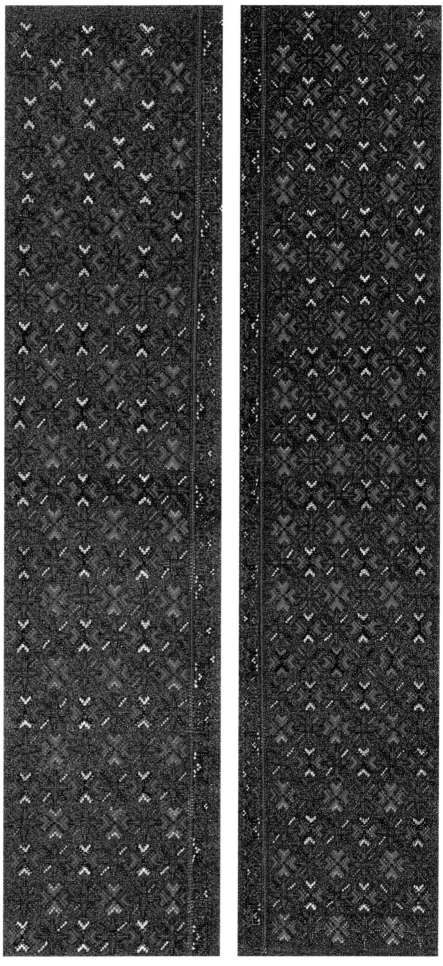

묘족도화(苗族挑花) 옷소매[衣袖]
주제문양: 자리(刺梨)

검동남(黔東南) 황평(黃平)

묘족도화(苗族挑花) 옷소매[衣袖]
주제문양: 자리(刺梨)

검동남(黔東南) 황평(黃平)

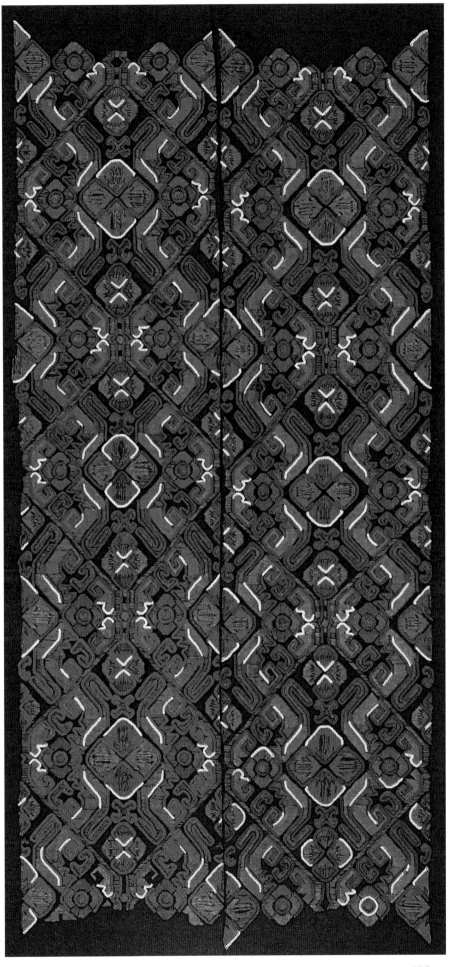

묘족도화(苗族挑花) 옷소매[衣袖]
주제문양: 자리(刺梨)

검동남(黔東南) 황평(黃平)

묘족도화(苗族挑花) 옷소매[衣袖]
주제문양: 기하형(幾何形)

검동남(黔東南) 황평(黃平)

묘족도화(苗族挑花) 옷소매[衣袖](우측)
주제문양: 자리(刺梨)

검동남(黔東南) 황평(黃平)

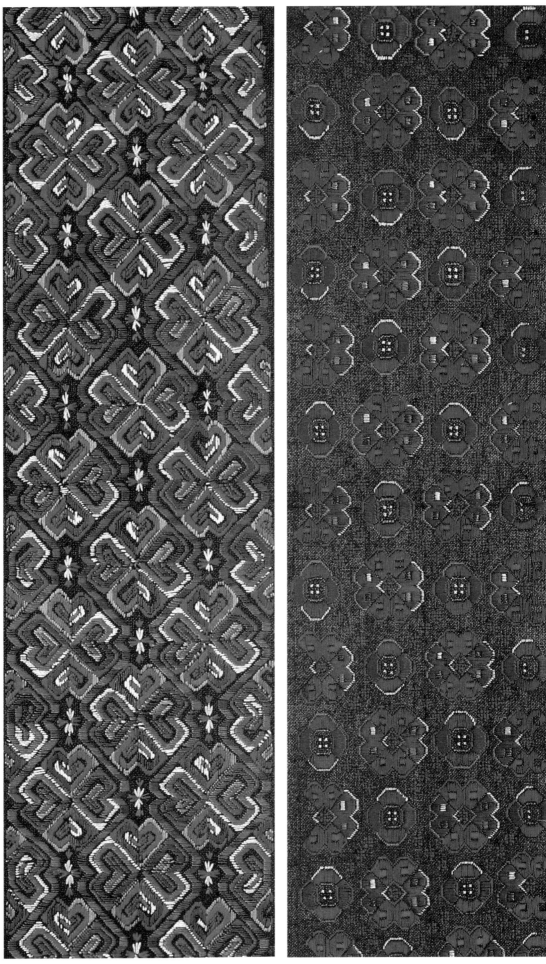

묘족도화(苗族挑花) 옷소매[衣袖]
주제문양: 자리(刺梨)

검동남(黔東南) 황평(黃平)

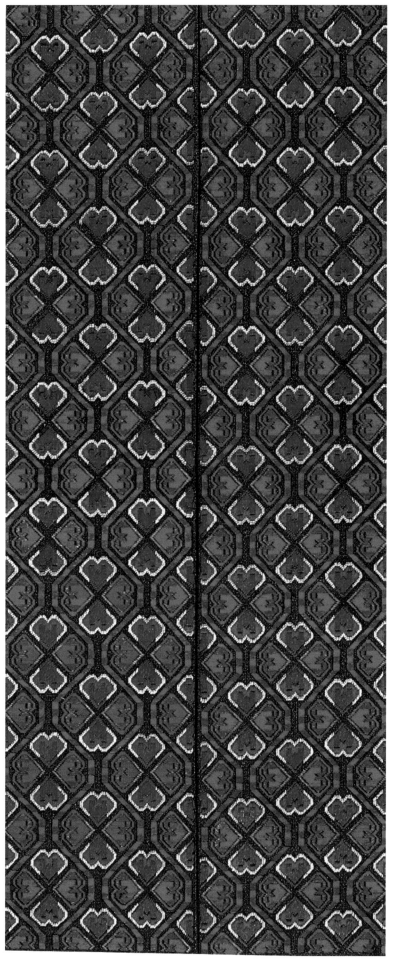

묘족도화(苗族挑花) 옷소매[衣袖]
주제문양: 자리(刺梨)

검동남(黔東南) 황평(黃平)

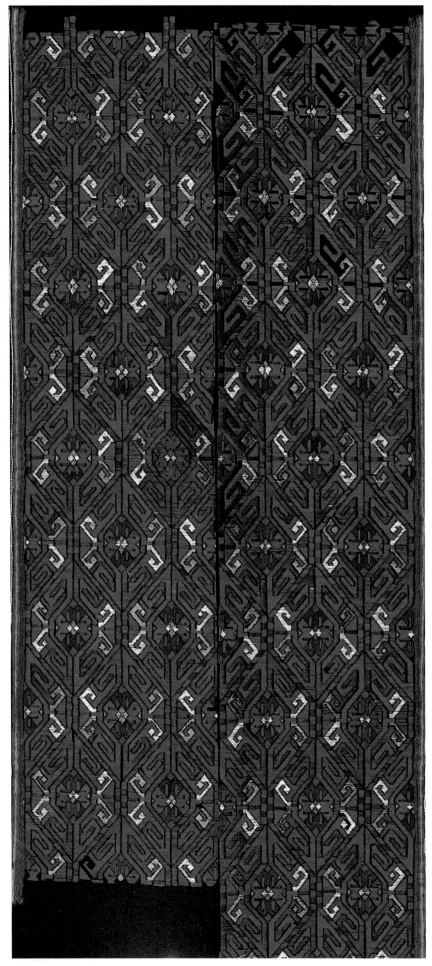

묘족도화(苗族挑花) 옷소매[衣袖]
주제문양: 자리(刺梨)

검동남(黔東南) 황평(黃平)

묘족도화(苗族挑花) 옷소매[衣袖](우측)
주제문양: 자리(刺梨)

검동남(黔東南) 황평(黃平)

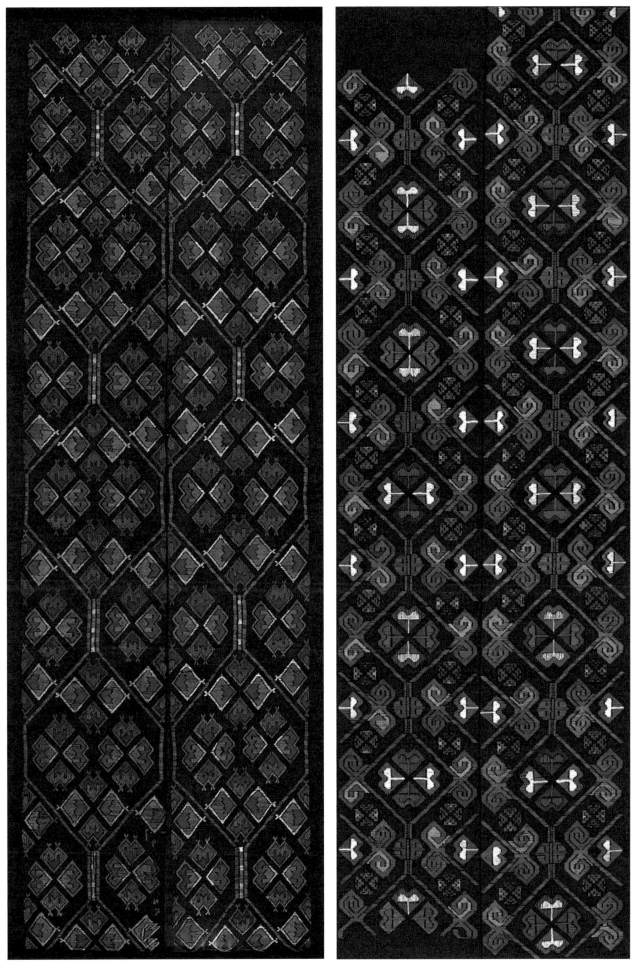

묘족도화(苗族挑花) 옷소매[衣袖]
주제문양: 자리(刺梨)

검동남(黔東南) 황평(黃平)

묘족도화(苗族挑花) 옷소매[衣袖]
주제문양: 기하형(幾何形) 잔꽃무늬[碎花]

검동남(黔東南) 황평(黃平)

묘족도화(苗族挑花) 옷소매[衣袖]
주제문양: 자리(刺梨)

검동남(黔東南) 황평(黃平)

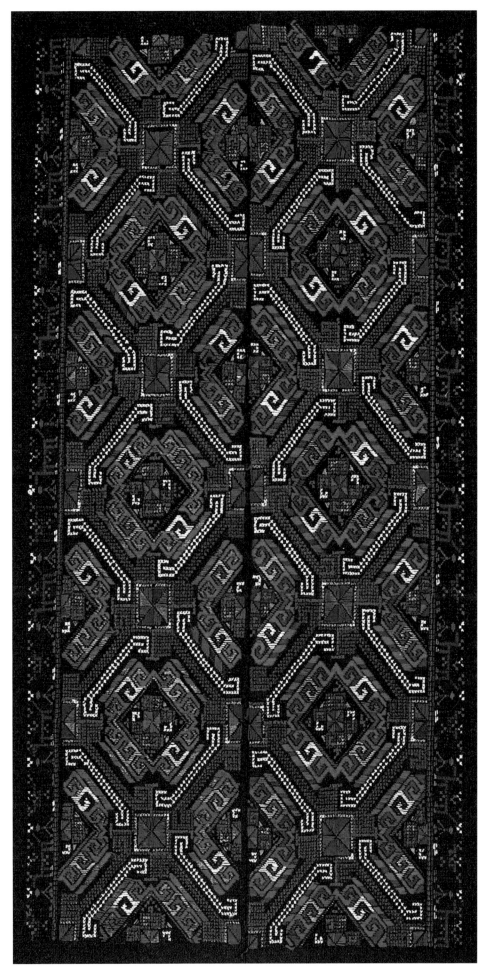

묘족도화(苗族挑花) 옷소매[衣袖]
주제문양: 기하형(幾何形)

검동남(黔東南) 황평(黃平)

묘족도화(苗族挑花) 옷소매[衣袖]
주제문양: 기하형(幾何形)

검동남(黔東南) 황평(黃平)

묘족도화(苗族挑花) 옷소매[衣袖](우측)
주제문양: 기하형(幾何形)

검동남(黔東南) 황평(黃平)

묘족도화(苗族挑花) 옷소매[衣袖]
주제문양: 기하형(幾何形)

검동남(黔東南) 황평(黃平)

혁가도화(僷家挑花) 옷소매[衣袖]
주제문양: 나비수염[蝶須]

검동남(黔東南) 황평(黃平)

혁가도화(侎家挑花) 납염(蠟染) 앞치마[圍腰]
주제문양: 기하형(幾何形) 잔꽃무늬[碎花]

검동남(黔東南) 황평(黃平)

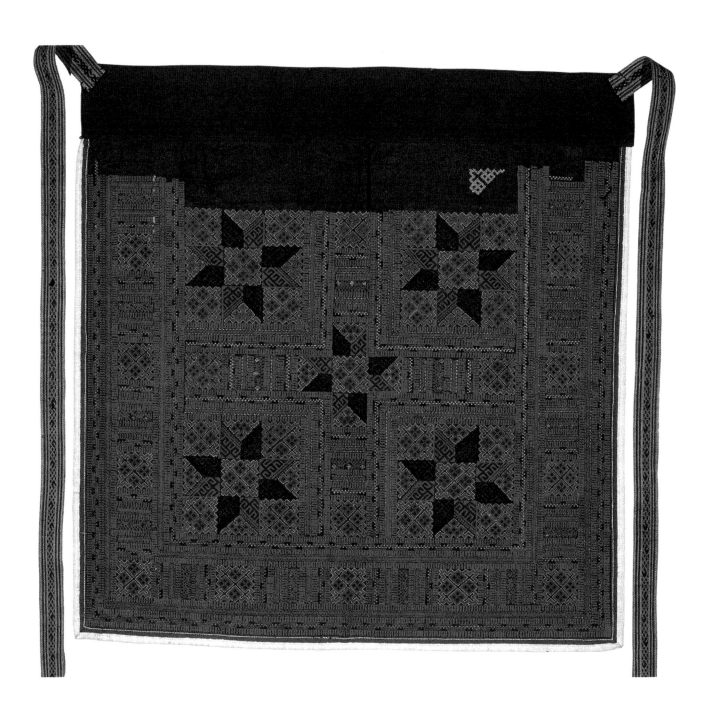

혁가도화(偅家挑花) 앞치마[圍腰]
주제문양: 팔각(八角)

검동남(黔東南) 황평(黃平)

혁가도화(僙家挑花) 납염(蠟染) 앞치마[圍腰]
주제문양: 기하형(幾何形) 잔꽃무늬[碎花]

검동남(黔東南) 황평(黃平)

혁가도화(僅家挑花) 납염(蠟染) 앞치마[圍腰]
주제문양: 기하형(幾何形) 잔꽃무늬[碎花]

검동남(黔東南) 황평(黃平)

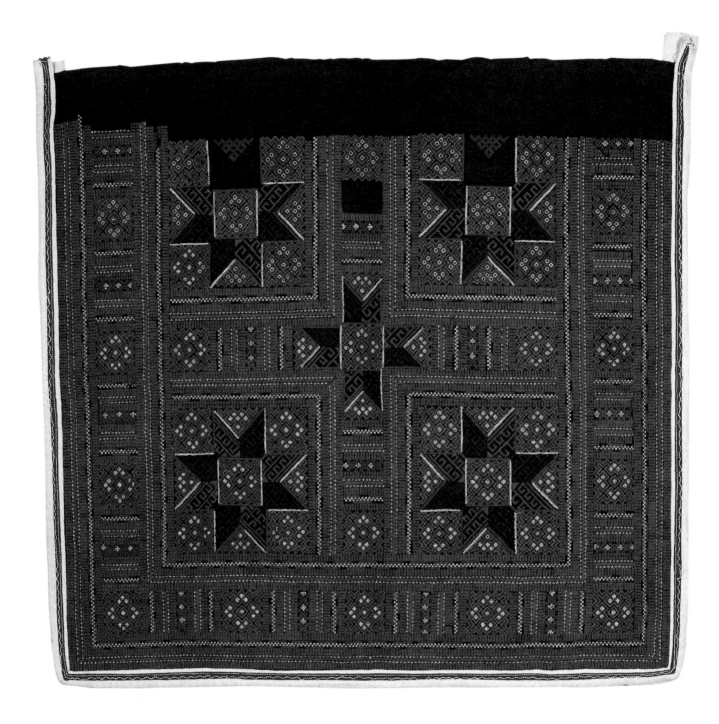

혁가도화(僮家挑花) 앞치마[圍腰]
주제문양: 팔각(八角)

검동남(黔東南) 황평(黃平)

혁가도화(僅家挑花) 납염(蠟染) 앞치마[圍腰]
주제문양: 나비수염[蝶須]

검동남(黔東南) 황평(黃平)

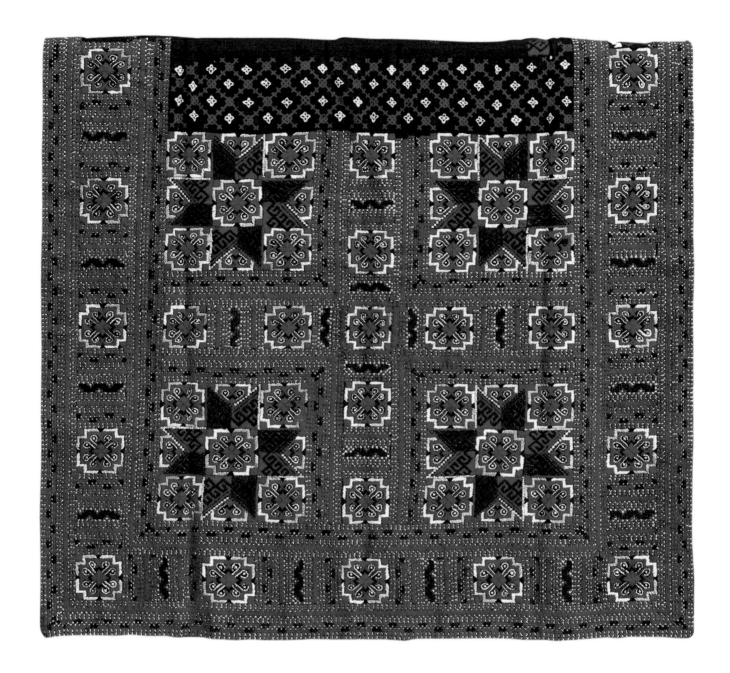

혁가도화(僙家挑花) 앞치마[圍腰]
주제문양: 고사리[蕨]

검동남(黔東南) 황평(黃平)

혁가도화(僳家挑花) 옷소매[衣袖]
주제문양: 기하형(幾何形)

검동남(黔東南) 황평(黃平)

묘족도화(苗族挑花) 배선심(背扇心)
주제문양: 기하형(幾何形), 거북등[龜背]

검동남(黔東南) 황평(黃平)

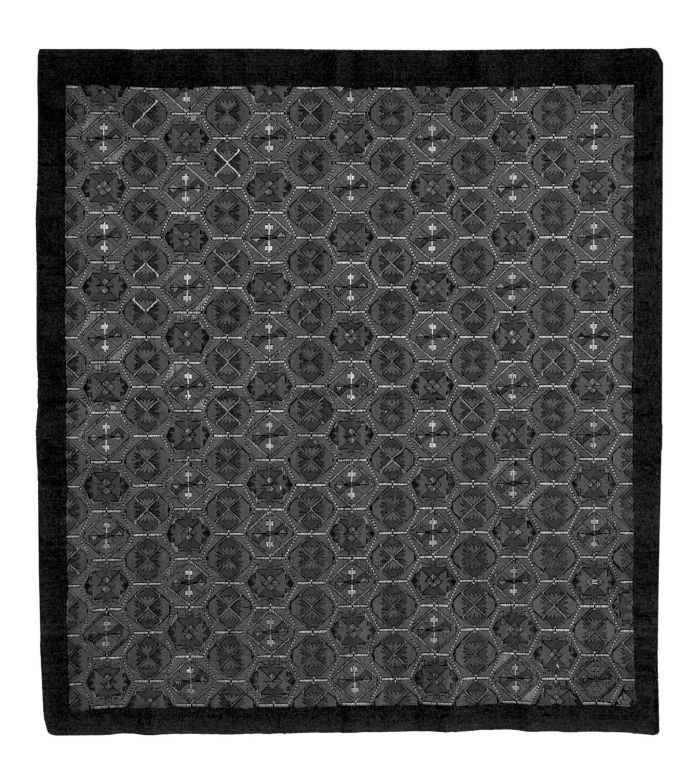

묘족도화(苗族挑花) 배선심(背扇心)
주제문양: 자리(刺梨)

검동남(黔東南) 황평(黃平)

묘족도화(苗族挑花) 배선(背扇)
주제문양: 기하형(幾何形)

검동남(黔東南) 황평(黃平)

혁가도화(僕家挑花) 배선(背扇)
주제문양: 무도(舞蹈)

검동남(黔東南) 황평(黃平)

혁가도화(僮家挑花) 배선(背扇)
주제문양: 자리(刺梨)

검동남(黔東南) 황평(黃平)

혁가도화(僳家挑花) 배선(背扇)
주제문양: 참깨줄기[芝麻管], 팔각(八角)

검동남(黔東南) 황평(黃平)

묘족도화(苗族挑花) 배선(背扇)
주제문양: 기하형(幾何形), 팔각(八角)

검동남(黔東南) 여평(黎平)

묘족도화(苗族挑花) 배선(背扇)[부분, 도침(跳針)]
주제문양: 새[鳥], 석류(石榴), 나비[蝴蝶]

검동남(黔東南) 여평(黎平)

묘족도화(苗族挑花) 배선(背扇)
주제문양: 새[鳥], 나비[蝴蝶], 석류(石榴)

검동남(黔東南) 여평(黎平)

묘족도화(苗族挑花) 배선(背扇)
주제문양: 접연화(蝶戀花)

검동남(黔東南) 여평(黎平)

묘족도화(苗族挑花) 배선(背扇)(부분)
주제문양: 두 마리 용이 보물을 다투다[雙龍搶寶]

검동남(黔東南) 여평(黎平)

묘족도화(苗族挑花) 배선(背扇)(부분)
주제문양: 이어도룡문(鯉魚跳龍門), 두 마리 사자[兩只獅子]

검동남(黔東南) 여평(黎平)

묘족도화(苗族挑花) 배선(背扇)
주제문양: 나비[蝴蝶], 새[鳥]

검동남(黔東南) 여평(黎平)

동족도화(侗族挑花) 배선심(背扇心)
주제문양: '정'자(井字)

검동남(黔東南) 종강(從江)

묘족도화(苗族挑花) 배선(背扇)
주제문양: 나비[蝴蝶], 새[鳥]

검동남(黔東南) 태강(台江)

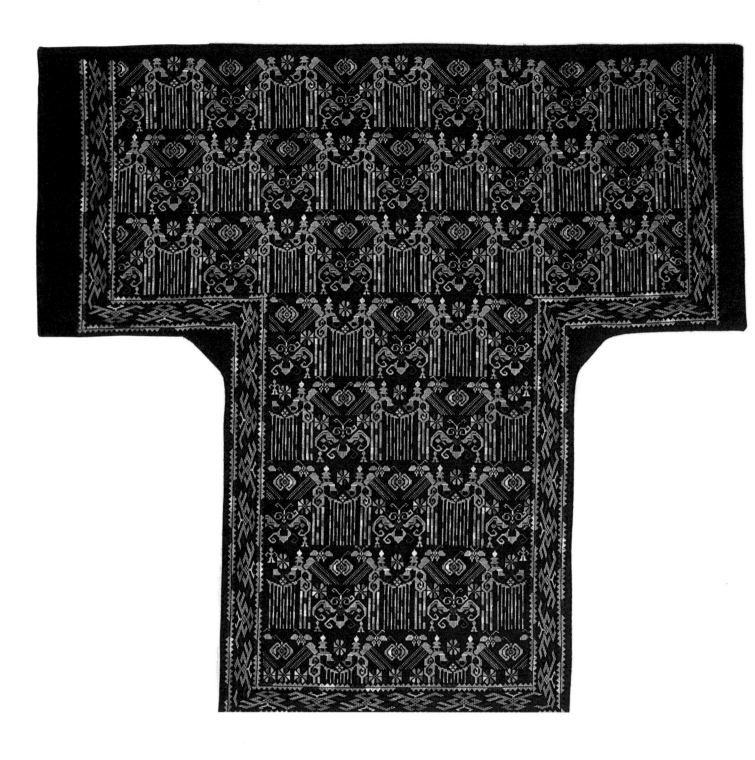

묘족도화(苗族挑花) 배선(背扇)
주제문양: 나비[蝴蝶], 새[鳥]

검동남(黔東南) 태강(台江)

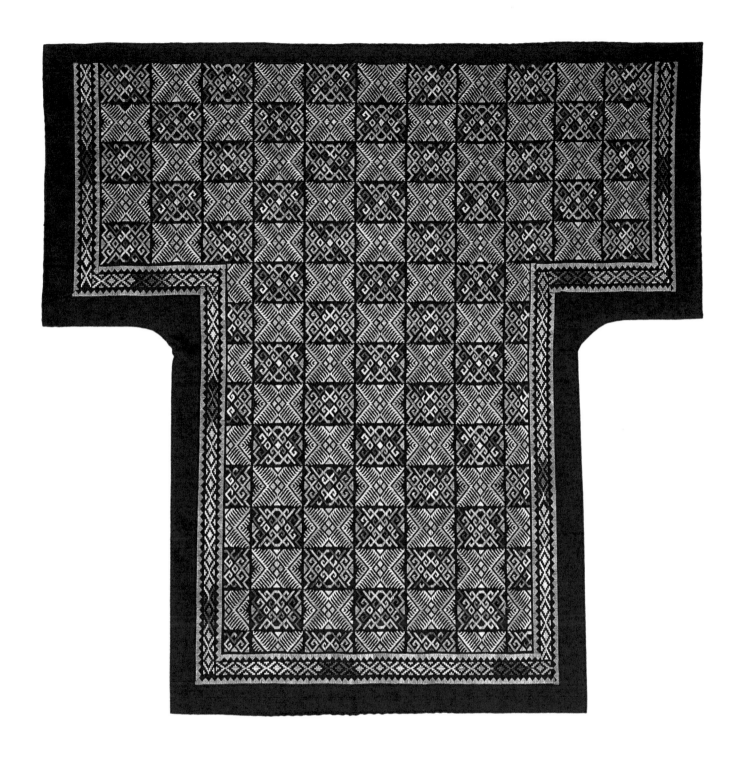

묘족도화(苗族挑花) 배선(背扇)
주제문양: 기하형(幾何形)

검동남(黔東南) 태강(台江)

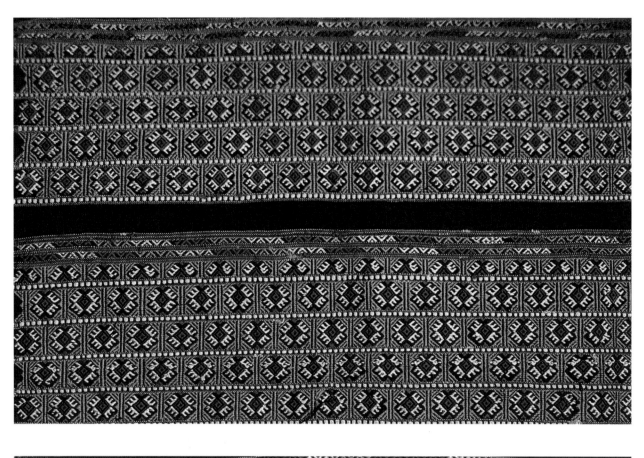

묘족도화(苗族挑花) 종아리 보호대[脚套](상하)
주제문양: 기하형(幾何形)

검동남(黔東南) 용강(榕江)

토가족도화(土家族挑花) 손수건[花帕]
주제문양: 용주도(龍舟圖)

동인(銅仁) 인강(印江)

토가족도화(土家族挑花) 손수건[花帕]
주제문양: 팔사도(八獅圖)

동인(銅仁) 인강(印江)

토가족도화(土家族挑花) 손수건[花帕]
주제문양: 팔각(八角)

동인(銅仁) 연하(沿河)

토가족도화(土家族挑花) 여자바지[女褲]
주제문양: 해바라기(朝陽花), 봉황[鳳]

동인(銅仁) 연하(沿河)

귀주성(貴州省) 북부(北部)

묘족도화(苗族挑花) 손수건[手巾](좌측)
주제문양: 팔각(八角)

묘족도화(苗族挑花) 손수건[手巾]
주제문양: 팔각(八角)

준의(遵義) 동재(桐梓)

준의(遵義) 동재(桐梓)

묘족도화(苗族挑花) 손수건[手巾]
주제문양: 꽃[花], 새[鳥], 팔각(八角)

준의(遵義) 동재(桐梓)

묘족도화(苗族挑花) 손수건[手巾]
주제문양: 나비[蝴蝶]

준의(遵義) 동재(桐梓)

묘족도화(苗族挑花) 앞치마[圍腰]
주제문양: 기하형(幾何形)

준의(遵義) 동재(桐梓)

묘족도화(苗族挑花) 손수건[手巾]
주제문양: 모란[牡丹]

준의(遵義) 동재(桐梓)

묘족도화(苗族挑花) 소매조각[袖片]
주제문양: 기하형(幾何形)

준의(遵義) 동재(桐梓)

묘족도화(苗族挑花) 배선심(背扇心)
주제문양: 모란[牡丹]

준의(遵義) 동재(桐梓)

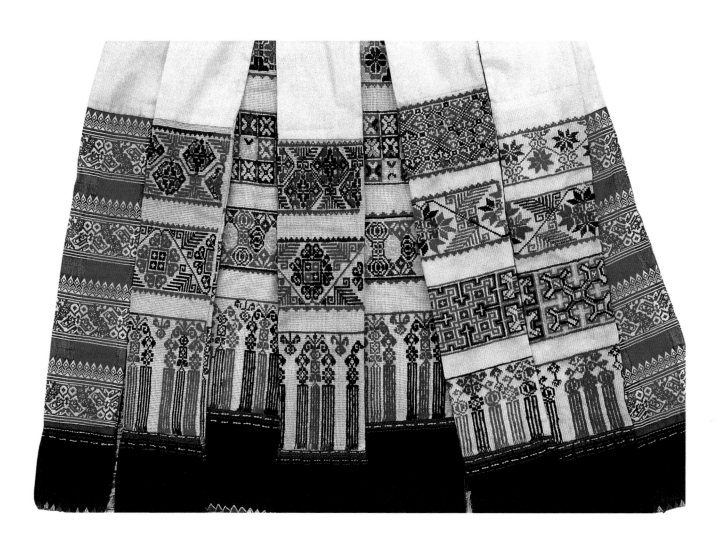

묘족도화(苗族挑花) 허리띠 앞부분[腰帶頭]
주제문양: 기하형(幾何形) 잔꽃무늬[碎花]

준의(遵義) 동재(桐梓)

묘족도화(苗族挑花) 허리띠 앞부분[腰帶頭]
주제문양: 기하형(幾何形) 잔꽃무늬[碎花]

준의(遵義) 동재(桐梓)

───── 직

───── 금

채색구름 잘라내어 예쁜 옷 짓네(剪一片彩雲作花衣)[검서남(黔西南) 정풍(貞豊) 포의족(布依族)]

포의족 모녀(검서남 정풍)

묘족(苗族) 조손(祖孫)(검서남 정풍)

올올이 채색 실 깊은 정 담겼네(彩線絲絲寓深情)
[육반수(六盤水) 육지(六枝) 묘족]

금(錦) 짜는 묘족 소녀[필절(畢節) 위녕(威寧)]

오몽산(烏蒙山)에서 치장하는 묘족 처녀들(육반수 육지)

묘족직금(苗族織錦) 앞치마[圍腰]
주제문양: 용(龍), 사람[人], 새[鳥]

검동남(黔東南) 태강(台江)

묘족직금(苗族織錦) 앞치마[圍腰]
주제문양: 용(龍), 사람[人], 새[鳥]

검동남(黔東南) 태강(台江)

묘족직금(苗族織錦) 앞치마[圍腰]
주제문양: 용(龍), 물고기[魚], 거위[鵝], 나비[蝴蝶]

검동남(黔東南) 태강(台江)

묘족직금(苗族織錦) 앞치마[圍腰]
주제문양: 용(龍), 물고기[魚], 거위[鵝], 나비[蝴蝶]

검동남(黔東南) 태강(台江)

묘족직금(苗族織錦) 앞치마[圍腰]
주제문양: 용(龍), 새[鳥], 물고기[魚], 나비[蝴蝶]

검동남(黔東南) 태강(台江)

묘족직금(苗族織錦) 앞치마[圍腰]
주제문양: 용(龍), 새[鳥], 물고기[魚], 나비[蝴蝶]

검동남(黔東南) 태강(台江)

묘족직금(苗族織錦) 앞치마[圍腰]
주제문양: 용(龍), 사람[人], 거위[鵝]

검동남(黔東南) 태강(台江)

묘족직금(苗族織錦) 앞치마[圍腰]
주제문양: 용(龍), 사람[人], 거위[鵝]

검동남(黔東南) 태강(台江)

묘족직금(苗族織錦) 앞치마[圍腰]
주제문양: 용(龍), 새[鳥], 기하형(幾何形)

검동남(黔東南) 태강(台江)

묘족직금(苗族織錦) 앞치마[圍腰]
주제문양: 용(龍), 새[鳥], 기하형(幾何形)

검동남(黔東南) 태강(台江)

묘족직금(苗族織錦) 앞치마[圍腰]
주제문양: 용(龍), 물고기[魚], 나비[蝴蝶]

검동남(黔東南) 태강(台江)

묘족직금(苗族織錦) 앞치마[圍腰]
주제문양: 용(龍), 물고기[魚], 나비[蝴蝶]

검동남(黔東南) 태강(台江)

묘족직금(苗族織錦) 앞치마[圍腰]
주제문양: 말 탄 사람[人騎馬],
새[鳥], 물고기[魚]

검동남(黔東南) 태강(台江)

묘족직금(苗族織錦) 앞치마[圍腰][직수(織繡)]
주제문양: 말 탄 사람[人騎馬], 새[鳥], 물고기[魚]

검동남(黔東南) 태강(台江)

묘족직금(苗族織錦) 앞치마[圍腰]
주제문양: 용(龍), 사람[人], 새[鳥]

검동남(黔東南) 태강(台江)

묘족직금(苗族織錦) 앞치마[圍腰]
주제문양: 용(龍), 사람[人], 새[鳥]

검동남(黔東南) 태강(台江)

묘족직금(苗族織錦) 앞치마[圍腰]
주제문양: 용(龍), 사람[人], 새[鳥]

검동남(黔東南) 태강(台江)

묘족직금(苗族織錦) 앞치마[圍腰]
주제문양: 용(龍), 사람[人], 물고기[魚]

검동남(黔東南) 태강(台江)

묘족직금(苗族織錦) 앞치마[圍腰]
주제문양: 용(龍), 사람[人], 새[鳥], 물고기(魚)

검동남(黔東南) 태강(台江)

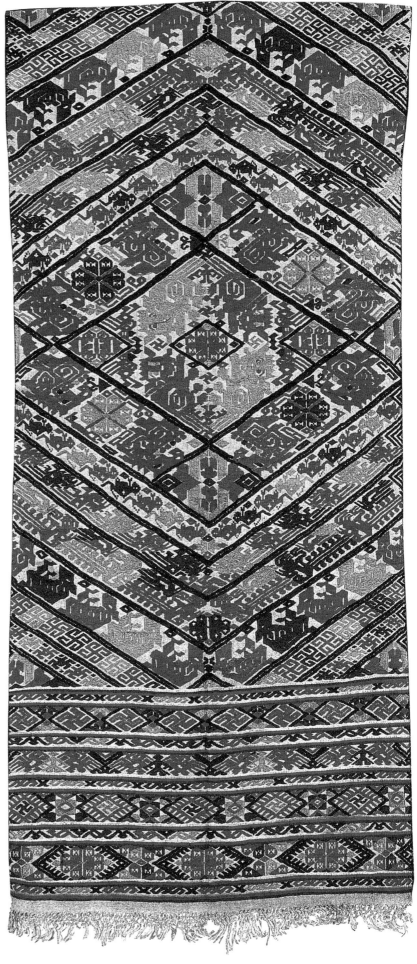

묘족직금(苗族織錦) 앞치마[圍腰]
주제문양: 용(龍), 새[鳥], 물고기[魚]

검동남(黔東南) 태강(台江)

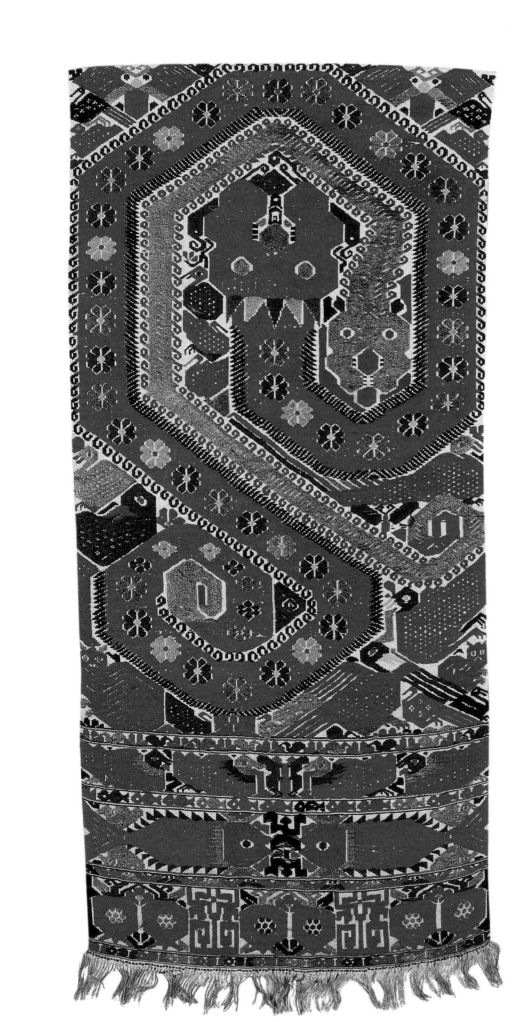

묘족직금(苗族織錦) 앞치마[圍腰]
주제문양: 용(龍), 새[鳥], 물고기[魚]

검동남(黔東南) 태강(台江)

묘족직금(苗族織錦) 앞치마[圍腰]
주제문양: 용(龍), 새[鳥], 짐승[獸], 나비[蝴蝶]

검동남(黔東南) 태강(台江)

묘족직금(苗族織錦) 앞치마[圍腰]
주제문양: 용(龍), 새[鳥], 짐승[獸], 나비[蝴蝶]

검동남(黔東南) 태강(台江)

묘족직금(苗族織錦) 앞치마[圍腰]
주제문양: 용(龍), 말[馬], 새[鳥], 물고기[魚]

검동남(黔東南) 태강(台江)

묘족직금(苗族織錦) 앞치마[圍腰]
주제문양: 용(龍), 말[馬], 새[鳥], 물고기[魚]

검동남(黔東南) 태강(台江)

묘족직금(苗族織錦) 앞치마[圍腰][선직후수(先織後繡)]
주제문양: 용(龍), 말 탄 사람[人騎馬], 새[鳥], 물고기[魚]

검동남(黔東南) 태강(台江)

묘족직금(苗族織錦) 앞치마[圍腰]
주제문양: 용(龍), 말 탄 사람[人騎馬],
새[鳥], 물고기[魚]

검동남(黔東南) 태강(台江)

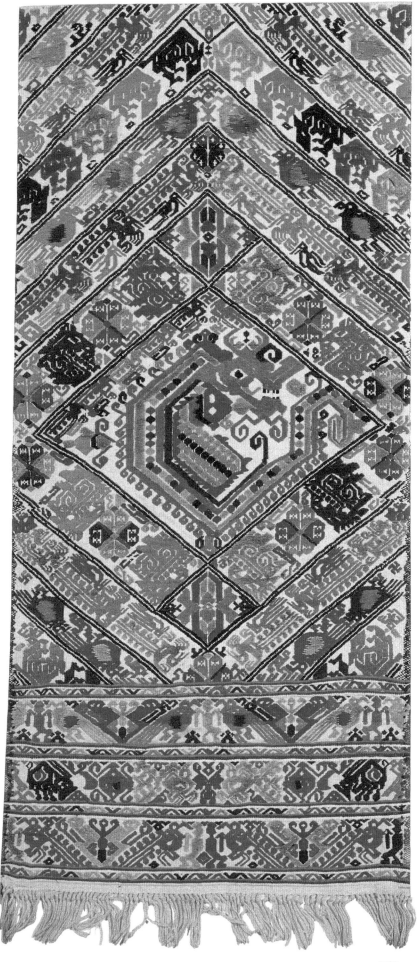

묘족직금(苗族織錦) 앞치마[圍腰]
주제문양: 용(龍), 말[馬], 새[鳥], 나비[蝴蝶]

검동남(黔東南) 태강(台江)

묘족직금(苗族織錦) 앞치마[圍腰]
주제문양: 용(龍), 말[馬],
새[鳥], 나비[蝴蝶]

검동남(黔東南) 태강(台江)

묘족직금(苗族織錦) 앞치마[圍腰]
주제문양: 용(龍), 사람[人], 물고기[魚], 소[牛]

검동남(黔東南) 태강(台江)

묘족직금(苗族織錦) 앞치마[圍腰]
주제문양: 용(龍), 사람[人], 물고기[魚], 소[牛]

검동남(黔東南) 태강(台江)

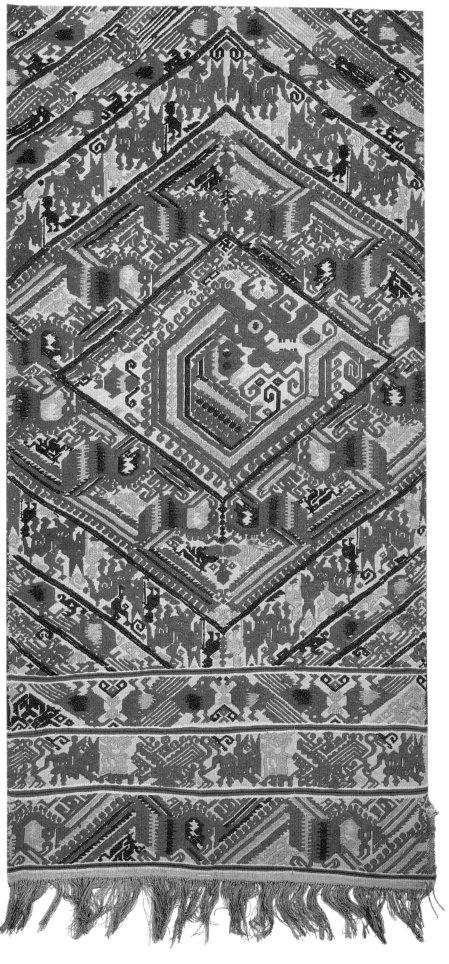

묘족직금(苗族織錦) 앞치마[圍腰]
주제문양: 용(龍), 말 탄 사람[人騎馬],
새[鳥], 물고기[魚]

검동남(黔東南) 태강(台江)

묘족직금(苗族織錦) 앞치마[圍腰]
주제문양: 용(龍), 말 탄 사람[人騎馬],
새[鳥], 물고기[魚]

검동남(黔東南) 태강(台江)

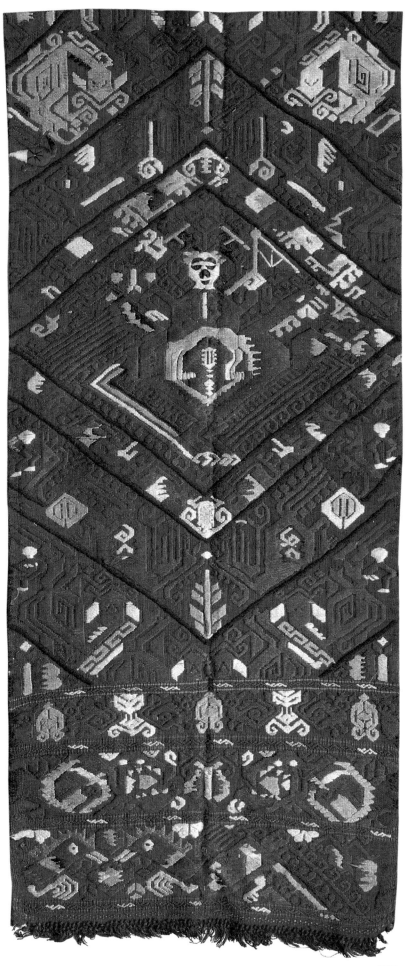

묘족직금(苗族織錦) 앞치마[圍腰]
주제문양: 용(龍), 말[馬], 새[鳥], 나비[蝴蝶]

검동남(黔東南) 태강(台江)

묘족직금(苗族織錦) 앞치마[圍腰]
주제문양: 용(龍), 말[馬], 새[鳥], 나비[蝴蝶]

검동남(黔東南) 태강(台江)

묘족직금(苗族織錦) 앞치마[圍腰]
주제문양: 새[鳥]

검동남(黔東南) 태강(台江)

묘족직금(苗族織錦) 앞치마[圍腰]
주제문양: 용(龍), 말[馬], 새[鳥]

검동남(黔東南) 태강(台江)

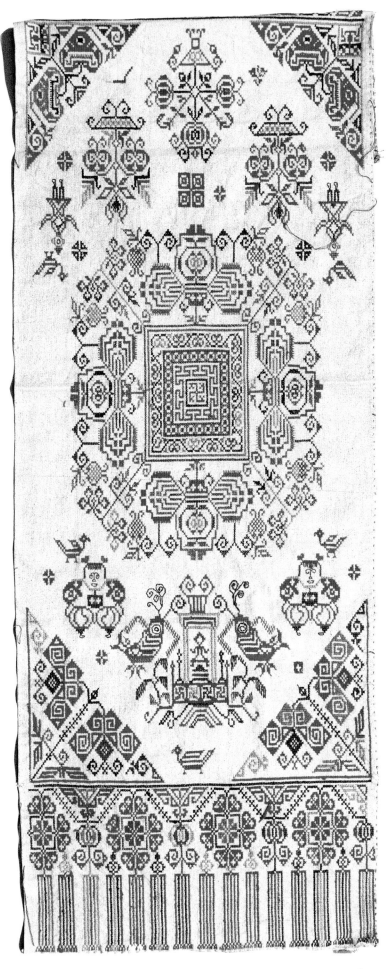

묘족직금(苗族織錦) 두건(頭巾)
주제문양: 나비[蝴蝶], 꽃[花], 인물(人物)

검동남(黔東南) 태강(台江)

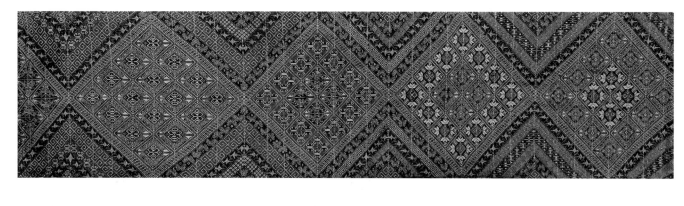

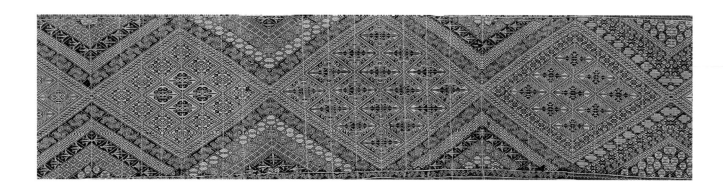

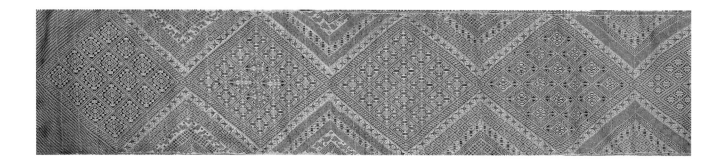

묘족직금(苗族織錦) 배선심(背扇心)(부분)
주제문양: 기하형(幾何形)

검동남(黔東南) 개리(凱里)

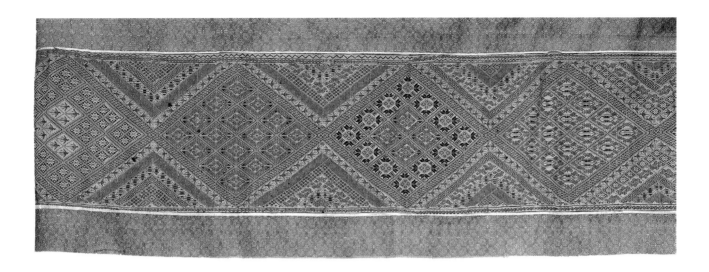

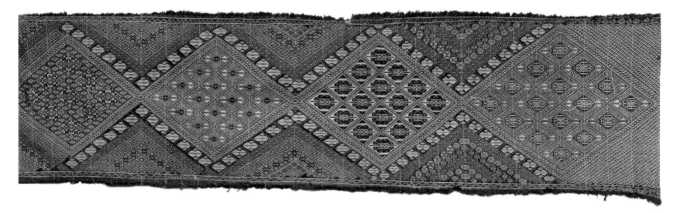

묘족직금(苗族織錦) 배선심(背扇心)(부분)
주제문양: 기하형(幾何形)

검동남(黔東南) 개리(凱里)

묘족직금(苗族織錦) 배선심(背扇心)(부분)
주제문양: 기하형(幾何形), 생선가시[魚刺]

검동남(黔東南) 개리(凱里)

묘족직금(苗族織錦) 배선심(背扇心)(부분)
주제문양: 꽃[花], 새[鳥], 기하형(幾何形)

검동남(黔東南) 개리(凱里)

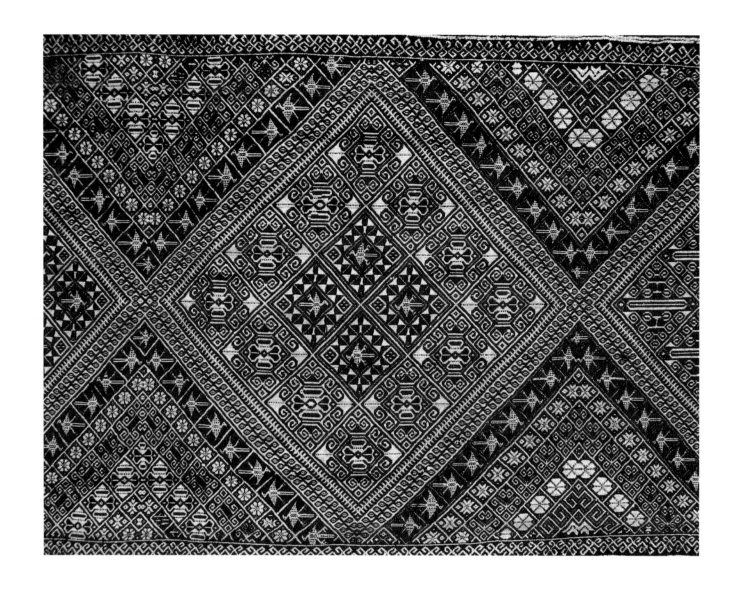

묘족직금(苗族織錦) 배선심(背扇心)(부분)
주제문양: 꽃[花], 새[鳥]

검동남(黔東南) 개리(凱里)

묘족직금(苗族織錦) 배선심(背扇心)(부분)
주제문양: 기하형(幾何形) 잔꽃무늬[碎花]

검동남(黔東南) 개리(凱里)

묘족직금(苗族織錦) 홑청[被面]
주제문양: 새[鳥]

검동남(黔東南) 개리(凱里)

혁가직금(僅家織錦) 홑청[被面]
주제문양: 나비[蝴蝶]

검동남(黔東南) 황평(黃平)

묘족직금(苗族織錦) 두건(頭巾)
주제문양: 꽃[花], 새[鳥]

검동남(黔東南) 용강(榕江)

묘족직금(苗族織錦) 두건(頭巾)
주제문양: 꽃[花], 새[鳥], 짐승[獸]

검동남(黔東南) 용강(榕江)

묘족직금(苗族織錦) 두건(頭巾)
주제문양: 꽃[花], 새[鳥], 나비[蝴蝶]

검동남(黔東南) 용강(榕江)

묘족직금(苗族織錦) 두건(頭巾)
주제문양: 꽃[花], 새[鳥]

검동남(黔東南) 용강(榕江)

묘족직금(苗族織錦) 두건(頭巾)
주제문양: 꽃[花], 새[鳥], 나비[蝴蝶]

검동남(黔東南) 용강(榕江)

묘족직금(苗族織錦) 두건(頭巾)
주제문양: 꽃[花], 새[鳥]

검동남(黔東南) 용강(榕江)

묘족직금(苗族織錦) 두건(頭巾)
주제문양: 꽃[花], 새[鳥], 나비[蝴蝶]

검동남(黔東南) 용강(榕江)

묘족직금(苗族織錦) 앞치마[圍腰](우측)
주제문양: '정'자(井字)

검동남(黔東南) 용강(榕江)

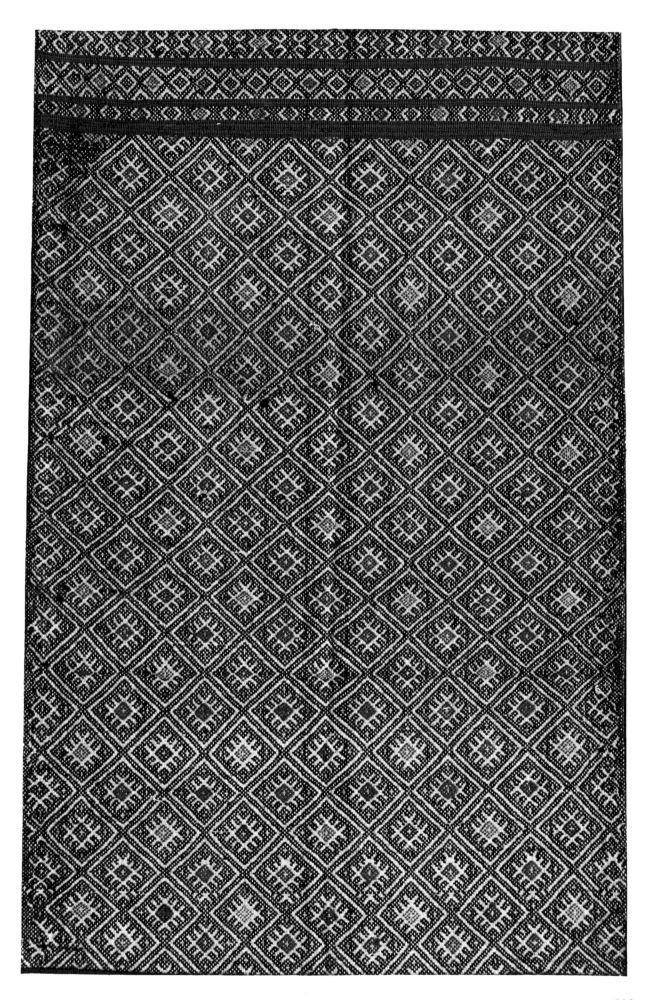

묘족직금(苗族織錦) 두건(頭巾)
주제문양: 기하형(幾何形) 잔꽃무늬[碎花]

검동남(黔東南) 용강(榕江)

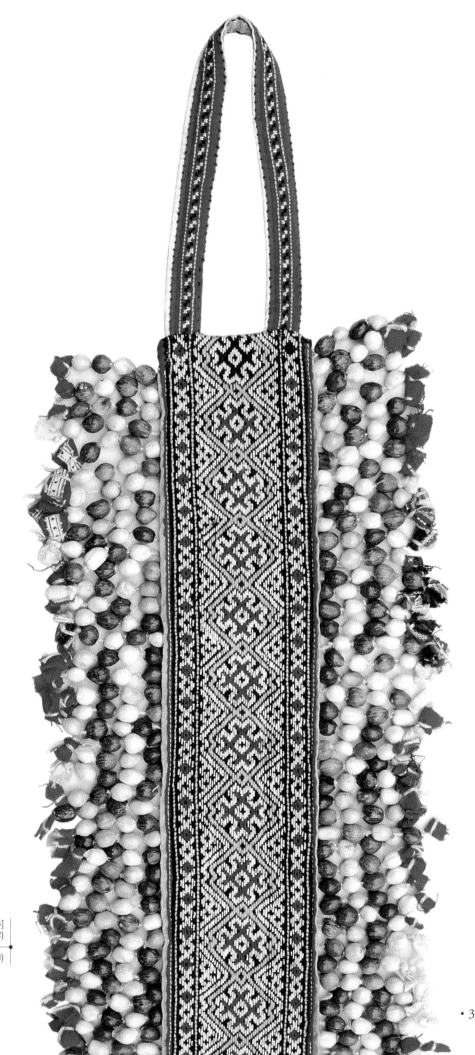

묘족직금(苗族織錦) 채색 띠[彩帶]
주제문양: '정'자(井字)

준의(遵義) 동재(桐梓)

동족직금(侗族織錦) 주머니[口袋]
주제문양: 말[馬]

검동남(黔東南) 여평(黎平)

동족직금(侗族織錦)
주제문양: 팔각(八角)

검동남(黔東南) 여평(黎平)

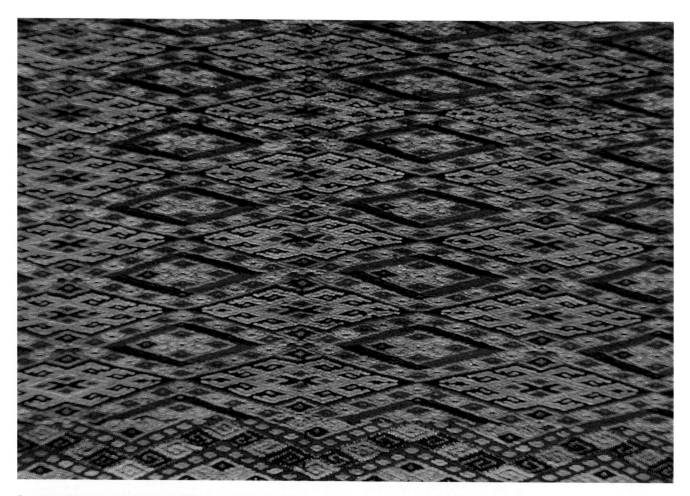

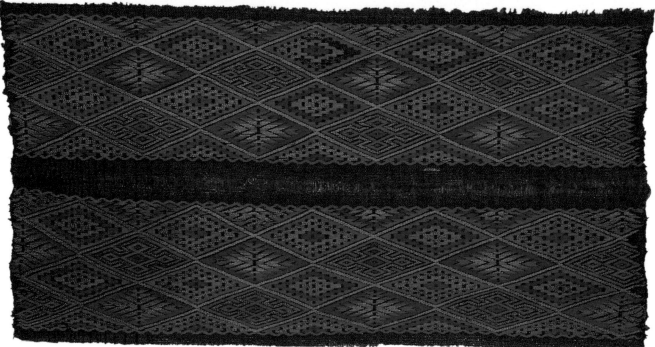

포의족직금(布依族織錦) 배선심(背扇心)(상)	포의족직금(布依族織錦) 옷소매[衣袖](하)	포의족직금(布依族織錦)(우측)
주제문양: 기하형(幾何形)	주제문양: 기하형(幾何形)	주제문양: 기하형(幾何形)
안순(安順) 진녕(鎭寧)	안순(安順) 진녕(鎭寧)	안순(安順) 진녕(鎭寧)

묘족직금(苗族織錦) 앞치마[圍腰] 중심 부분(상하)
주제문양: 팔각(八角)

검서남(黔西南) 정풍(貞豊)

묘족직금(苗族織錦) 앞치마[圍腰] 중심 부분(상하)
주제문양: 팔각(八角)

검서남(黔西南) 정풍(貞豊)

묘족직금(苗族織錦) 앞치마[圍腰] 중심 부분(상하)
주제문양: 팔각(八角)

검서남(黔西南) 정풍(貞豊)

묘족직금(苗族織錦) 앞치마[圍腰] 중심 부분(상하)
주제문양: 팔각(八角)

검서남(黔西南) 정풍(貞豊)

묘족직금(苗族織錦) 앞치마[圍腰] 중심 부분(상하)
주제문양: 팔각(八角)

검서남(黔西南) 정풍(貞豐)

묘족직금(苗族織錦) 앞치마[圍腰] 중심 부분
주제문양: 팔각(八角)

검서남(黔西南) 정풍(貞豊)

후기

『중국귀주민족민간미술전집(中國貴州民族民間美術全集)』은 제목을 선정할 때부터 귀주 신문출판국과 각계각층 인사들의 지지를 받았다. 비록 오래되지는 않았지만, 아직까지 출판이 중단된 적은 없다. 근래 사회 전체에 대두된 무형 문화유산을 중시하는 경향을 결코 경시해서는 안 된다. 6, 7년 동안 수많은 자료를 수집하고 정리하면서 어려움이 많았지만, 고군분투한 덕분에 지금 이렇게 독자들에게 이 책을 선보일 수 있게 되었다.

2006년 3월, 중앙인민정부는 웹사이트를 통해 제1차 국가 무형 문화유산 목록을 발표하였으며 그중 31개의 항목을 귀주의 문화유산이 차지하였다. 이 책에서는 그중 조형예술의 일부분을 반영하여 소개하였다. 이 책을 편집할 때를 회상해 보면, 당시에는 마치 귀주민족의 민간미술 세계를 한가로이 거니는 기분이 들 정도였다. 장정(張仃) 선생은 "이런 섬세한 아름다움은 어떠한 미의 척도를 갖다 대어도 트집을 잡을 수 없을 정도이다"라고 감탄하며 말했다. 하지만 우리는 귀주민족 민간미술에 대해 우려하는 마음이 생기게 되었다. 오늘날에는 개혁개방과 주류문화가 충돌하고 시장경제가 빠른 추세로 발전하고 있다. 이런 상황하에서 수많은 민간예술품이 국내외 수집가들과 기관에 의해 고가로 매입되고 있다. 심지어 외진 지역으로 간다고 해도 예술적 가치가 있는 우수한 공예품을 구하기가 어려울 정도이다. 민간공예 장인들은 점점 나이가 들어가고, 농촌의 젊은이들도 생활방식이 변해서 전통공예 기술이나 도식(圖式)의 계승이 사라져 가고 있다. 현재 민간공예품 시장은 이윤을 남기기에 급급해서, 조잡하고 상상력이라고는 조금도 없는 모조품을 만들어 낼 뿐이다. 현재 민간공예품을 전문적으로 수집하고 연구하는 부서는 소장품을 확충하고 완벽하게 갖출 만한 자금이 부족하다. 소장된 공예품들도 내실 깊숙한 곳에 감춰두고 전시하지 않아서, 대중들은 이것을 감상하고 연구할 방법이 없다. 민간공예품을 연구하는 연구원들조차도 나이가 들면서, 이것을 계승할 사람이 점차 사라져 가고 있다. 현재 민간예술을 즐기는 일부 젊은이들은 소량의 작품만을 감상할 수 있을 뿐, 곳곳에 분산된 수많은 작품을 볼 수 없어 민간공예품의 예술성에 대해 깊이 연구할 수가 없다.

우리는 『중국귀주민족민간미술전집』을 혼신의 힘을 다해 편집하면서, 이 전집이 반드시 완성되기를 바랐다.

이 도록(圖錄) 속에 가능한 한 많은 작품을 싣고자 노력했다. 또한, 지역성과 민족적 특색을 명확하게 잘 반영하였고, 작품의 원형과 순수 민간의 예술적 특징을 잘 나타내고 있다. 이 책에는 전통적이고 고전적인 공예기법을 더 많이 기록하였고, 예술적 가치가 있는 자료를 더 많이 보여주고 있다. 다만, 도록에 실을 수 있는 내용에 한계가 있어서 그것이 아쉬울 뿐이다. 하지만 우리는 이 도록을 통해 귀주민족 민간미술을 가장 완벽하게 구현해 내었다.

『중국귀주민족민간미술전집』의 성공적인 출판은 수년간 다방면을 통해 얻은 노력의 결실이라 할 수 있다. 이 지면을 통해 귀주성 미술협회, 귀주성 예술관, 귀주성 박물관과 개인 수집가분들의 도움에 감사의 뜻을 표하고자 한다. 또한, 중국 공예미술의 대선배이신 장정(張仃) 선생과 청화(淸華)대학 미술대학원 추문(鄒文) 박사에게도 감사의 마음을 전하고 싶다. 이뿐만 아니라, 귀주성과 관련된 인사이신 양장괴(楊長槐), 마정영(馬正榮), 증헌양(曾憲陽), 유웅(劉雍), 진화(陳華), 황정철(黃正鐵), 당근산(唐根山), 이검빈(李劍濱), 이국경(李國慶), 오일방(鳴一芳), 이앙(李昻), 이옥휘(李玉輝), 증상훤(曾祥萱) 등 여러분들의 도움에도 깊이 감사를 드린다.

귀주성 신문출판국과 귀주출판그룹의 대표와 각 부서는 시종일관 이 책의 출판을 위해 정신적, 금전적으로 도움을 주었다. 이 책을 출판하면서 독자들과 함께 감사의 마음을 이곳에서 표한다.